내면의 비판을 극복하는 마음챙김과 자기연민 기술

청소년을 위한 자기연민

The Self-Compassionate Teen
Mindfulness and Compassion Skills
to Conquer Your Critical Inner Voice

Karen Bluth 저

서광 · 나의현 · 곽영숙 · 원승희 공역

학지사

세상에 존재하는 모든 청소년에게 이 책을 바칩니다.
여러분의 청소년 시절 인생 여정이
이 책으로 조금이나마 편안해지기를.

역자 서문

"저에게 초를 치는 건 결국 저 자신이에요."

　치료를 찾아왔던 한 청소년이 시무룩한 표정으로 꺼냈던 이 말에는 많은 청소년 여러분의 고민이, 나아가 인간으로 살아가는 우리 대부분이 겪고 있는 어려움이 담겨 있습니다. 학교, 부모님, 또래로부터 받는 압력만으로도 여러분의 마음에는 생채기가 끊이질 않는데, 내면의 비판은 마치 그 상처에 소금을 뿌리듯 아플 자격도 없다고 여러분을 몰아세우곤 합니다. 게다가 24시간 끊임없이 흘러가는 온라인 세상은 내가 누구인지, 진정으로 무엇을 원하는지 고요하고 차분하게 들여다볼 시간마저 허락해 주지 않지요. 어른들은 지금을 살아가는 여러분을 '풍요로운' 세대라고 부르지만, 어쩌면 여러분은 자신의 마음을 표현할 힘마저 겨우 붙든 채 하루하루를 버텨 내고 있을지도 모릅니다. 자신을 사랑하라는 말은 허무하거나 꿈같은 소리처럼 느껴질 뿐이고요.

　그런데 만약, 자신을 사랑할 가능성을 열어 놓을 수 있다면 여러분에게 어떤 일이 일어날까요? 바로 자기연민이라는 열쇠로 말이지요.

　『청소년을 위한 자기연민』은 마음챙김 자기연민 프로그램을 청소년의 시선으로 풀어내는 데 정통한 카렌 블루스(Karen Bluth) 박사가 펴낸 책으로, 2021년에 우리나라에서 출간된 『청소년을 위한 자기연민 워크북』(2021)에 그 실용성과 깊이가 한층 더해진 책입니다. 이 책의 전반부에서는 청소년이라면 한 번쯤은 겪었을 법한 경험을 바탕으로 자기연민의 요소들을 이해하기 쉽게 설명하고, 청소년 여러분의 특성을 고려한 다양한 연습을 소개하며 자기연민 실천을 시작하게 돕습니다. 그리고 책 후반부는 특히나 역자들에게 감탄을 자아내게 했습니다. 소셜 미디어에서 생기는 어려움이나 신체 이미지 문제 같은 요즘을 살아가는 청소년들이 흔히 맞닥뜨리는 괴로움들을 자기연민을 통해 엉켜 있던 실타래 같은 상태로부터 풀어내고, 그 속에 숨겨져 있던 진정으로 원하는 삶의 모습으로 아름답게 엮어 내는 방법이 담겨 있기 때문입니다. 외부에서 일어나는 숨 가쁜 변화와 내면에서 소리치는 가혹한 비판으로 괴로워하는 청소년 여러분, 또한 여러분을 돌보고 돕기 위해 애쓰고 있는 부모님, 선생님, 치료자들에게 아무쪼록 이 책이 자신과 다른 이들에게 함께 친절해지며 서로 연결되어 살아갈 수 있는 작은 실마리가 되어 주길 바랍니다.

가장 치열한 시기를 살아내고 있는 청소년 여러분에게 자기연민으로 자신을 사랑하는 방법, 사랑할 가능성을 열어 놓을 방법을 이 책을 통해 소개할 수 있어 얼마나 다행스러운지 모릅니다. 오직 청소년기에만 가질 수 있는 찬란한 희망을 부디 포기하지 않기를, 자기연민과 함께 발견하고 일구어 가기를 늘 기원합니다.

2023년 1월
연민 어린 어른으로 함께하고픈 역자 일동

추천의 글

"청소년의 스트레스와 정신건강 문제가 기록적인 지금, 가장 필요할 이들에게 적재적소에서 쓰일 책입니다."

—크리스토퍼 윌라드(Christopher Willard, PsyD),
『마음챙김 호흡 연습(The Breathing Book)』의 공동 저자이자
하버드 의과대학 교수

"요즘 청소년으로 사는 것보다 더 힘든 일은 거의 없습니다. 단 한 가지 (청소년이 아닌 우리에게) 더 어려운 일은 청소년들의 참여를 북돋아 주는 의미 있는 방식으로 그들에게 이야기하는 것입니다. 카렌 블루스는 공감대를 형성하는 흥미롭고 설득력 있는 언어와 예시로 자기연민의 핵심 수행을 공유하여 이 엄청난 일을 해냈습니다. 청소년(그리고 부모님)들은 이 책이 가진 실용성과 강력한 힘을 깨달을 것이며, 또한 이 책이 그들의 많은 고통을 덜어 줄 것이라 믿어 의심치 않습니다."

—스티븐 힉맨(Steven D. Hickman, PsyD),
임상 심리학자이자 마음챙김 자기연민 센터 상임이사

"스트레스로 가득한 이 시기에 청소년들은 특히 혼란, 불확실성,

스트레스에 사로잡혔다고 느끼곤 합니다. 자기비판과 사회 비교에 압도되기도 너무나 쉽습니다. 『청소년을 위한 자기연민』을 통해 여러분의 삶을 조절하고, 정서적 힘과 행복을 키우며 사회라는 세상을 더욱 편안하게 살아가길 바랍니다."

−**마크 버틴**(Mark Bertin, MD),

발달 전문 소아청소년과 의사이자

『ADHD 아동의 성장을 위한 마음챙김 양육법

(How Children Thrive and Mindful Parenting for ADHD)』의 저자

"유용한 정보, 강력한 사례 연구, 체험 위주의 연습과 자료로 가득 찬 이 책은 선생님, 부모님, 그리고 깊은 연민과 돌봄으로 삶에 다가가려는 모든 이에게 귀중한 자원이 되어 줄 것입니다. 특히 부정적인 자기 비교, 힘겨운 관계, 다르다는 느낌, 또는 그저 청소년이라는 것에서 발생하는 감정들과 부정적인 자기 대화를 건강하게 탐색하는 법을 청소년들에게 가르치는 분들이 바라 왔던 책일 것입니다."

−**재니스 위트록**(Janis Whitlock, PhD, MPH),

코넬 대학교 연구원이자 코넬 대학교

Self-Injury and Recovery Resources 연구 프로그램의 창설자 겸 책임자,

『자해 치유하기(Healing Self-Injury)』의 공동 저자

"카렌 블루스는 청소년을 위한 자기연민 분야를 선도하는 세계적인 전문가입니다. 이 책은 청소년들이 학교생활, 신체 이미지, 소셜

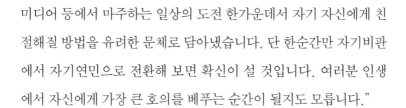

미디어 등에서 마주하는 일상의 도전 한가운데서 자기 자신에게 친절해질 방법을 유려한 문체로 담아냈습니다. 단 한순간만 자기비판에서 자기연민으로 전환해 보면 확신이 설 것입니다. 여러분 인생에서 자신에게 가장 큰 호의를 베푸는 순간이 될지도 모릅니다."

-크리스토퍼 거머(Christopher Germer, PhD),

하버드 의과대학 교수, 마음챙김 자기연민 프로그램 공동 개발자

"청소년 대부분(그리고 인간 존재 대부분)은 때때로 두려움, 안전하지 않다는 감각, 자기 의심, 불안, 우울과 씨름하며 살아갑니다. 우리 중 일부는 이러한 경험으로 날이면 날마다 고통받습니다. 이런 경험을 얼마나 자주 하는지와는 무관하게, 이 책은 여러분이 마치 좋은 친구를 대하듯이, 즉 여러분이 당연히 받아야 했던 친절과 지지로 자기 자신을 대할 수 있는 간단하고 실용적인 기술들을 제공합니다. 그러니 여러분의 불친절한 마음이 '맞아, 하지만'으로 시작해서 여러분이 실패자라는 늘 하던 거짓말을 늘어놓기 전에 일단 이 책을 펴고 시작해 보길 바랍니다. 이 책을 읽고 실천해 보면 여러분이 실로 있는 그대로 사랑스럽다는 사실을 기억하게 될 것입니다."

-에이미 샐츠만(Amy Saltzman, MD),

『청소년을 위한 고요한 공간(A Still Quiet Place for Teens)』의 저자

"『청소년을 위한 자기연민』은 단순한 책 그 이상입니다. 여러분이 진실로 누구인지 알아주는 다정하고, 현명하고, 강건하고, 용감

한, 가장 친한 친구의 목소리입니다. 이 친구가 여러분의 일부였다는 것을 곧 발견하게 될 것입니다. 특히 이 친구를 가장 필요로 하는 힘겨운 순간, 여러분이 자기 자신의 가장 좋은 친구가 되어 주는 방법 또한 곧 배우게 될 것입니다. 여러분은 할 수 있습니다. 이 책이 그 길을 보여 줄 것입니다."

−쩡 X. 보(Dzung X. Vo, MD),

『청소년의 마음챙김(The Mindful Teen)』의 저자

서문

요즘 세상에서는 청소년으로 살기가 그리 쉽지 않습니다. 학업과 진로에서부터 또래 집단, 친구, 부모, 연애, 그리고 이 모든 것에 자신이 잘 들어맞는지에 대한 고민까지, 청소년들은 온갖 스트레스와 압박 속에 짓눌리며 살아갑니다. 어쩌면 세상에서 자신만의 방식을 구축하려 하면서 부모님과 갈등을 겪고 있을지도 모릅니다. 이 모든 스트레스와 살다 보면 분명 타격을 입게 되지만, 이 모든 고통과 긴장을 어떻게 다루어야 할지 모르는 경우가 많습니다. 그래서 불안과 우울로 힘겨워지거나, 섭식 장애, 물질 남용, 자해 같은 건강하지 않은 대처 방법을 사용하게 되기도 합니다.

청소년기의 삶은 어느 시대에서든 치열했지만, 점점 더 힘겨워지고 있다는 것 또한 분명합니다. 소셜 미디어의 끊임없는 자극, 기후 변화와 학교 폭력에 대한 염려, 게다가 우리나라와 전 세계의 정치적 상황까지 청소년들을 덮치게 되었으니까요. 이러한 외적 요인의 물밑에는 뇌와 몸의 급속한 성장, 부모님과의 관계에서 생기는 변화, 성적 활성화 같은 내적 요인이 자리하고 있습니다. 이 모든 혼돈의 한가운데에서 청소년들은 세상에 변치 않는 것은 드물고, 기댈 곳은 아무 데도 없다고 느끼게 됩니다.

우리에게 일어나는 일을 통제할 수는 없지만, 우리가 겪는 힘겨움 속에서 우리 자신을 어떻게 대할지는 우리가 선택할 수 있습니다. 달리 말해 우리 자신을 비판하며 차갑게 대하는 대신 친절하고 따뜻하게 대할 수 있습니다. 자기연민은 우리가 삶의 불완전함에 대처하고, 인간으로서의 불완전함을 수용하는 데 도움이 되는 안정적인 자원을 제공합니다. 연민의 영문명인 'compassion'의 어원은 '고통하다'를 의미하는 라틴어 'pati'와 '함께'를 의미하는 라틴어 'com'의 조합에서 비롯되었습니다. 우리는 모든 사람이 각자 자신만의 방식으로 힘겨워하고 있다는 걸 떠올리며 돌봄과 연결의 감각으로 우리 자신의 고통에 다가갈 수 있습니다. 자기연민은 무슨 일이 일어났든 여러분이 자기 자신에게 믿음직하고 다정한 친구가 되게 해 줍니다. 자신에게 닥친 일이 무엇이든, 여러분은 그 일에 대처하는 데 지지와 격려를 보내는 든든한 친구로서 존재할 수 있습니다. 온 세상이 무너지는 것 같고 아무것도 제대로 할 수 없다고 느껴지는 끔찍한 날에도, 여러분 내면에는 헌신적인 친구가 자리하고 있다는 것을 알아차리며 여전히 자기연민에 의지할 수 있습니다. 항상 기댈 수 있는 사람이 있다는 걸 알게 된다면 얼마나 다행스러울까요!

저는 자기연민이 주는 유익함에 관한 연구에 일생을 쏟아부었습니다. 2,500건이 넘는 연구를 통해 자기연민이 우리에게 유익하다는 사실이 밝혀졌습니다. 자기연민을 잘 전하는 사람은 스트레스, 불안, 우울을 더 적게 경험하고, 삶을 더 행복하게 느끼고 만족스러워하며, 도전을 마주했을 때 더 강해지고 회복탄력성 또한 뛰어납니다. 게다가 다른 사람들에게 더 많이 베풀고, 동기와 책임감이 크며, 신체적으로 건강하고, 자신을 더욱 잘 돌봅니다. 아울러 청소년에게도 자기연민은 어른에게 못지않게 유익한 것으로 나타났습니다.

이 책에는 여러분의 일상에 자기연민을 통합할 수 있는 다양한 도구들이 담겨 있습니다. 여러분이 외롭다고 느낄 때, 소셜 미디어를 둘러볼 때, 학업 스트레스나 또래들에게서 압박을 느낄 때, 여러분의 성정체성과 성지향성을 다룰 때, 카렌 블루스 박사님이 준비한 이 자기연민 도구들을 사용해 볼 수 있을 것입니다. 블루스 박사님은 제가 크리스토퍼 거머(Christopher Germer) 박사님과 개발한 성인용 '마음챙김 자기연민(Mindful Self-Compassion: MSC)' 프로그램을 청소년 버전으로 만든 이들 중 한 분입니다. 이 책에 담긴 실습과 연습 일부는 성인용 MSC 프로그램에서 가져와서 다듬은 것이며, 다른 일부는 '나 자신과 친구 되기(Making Friends with Yourself: MFY)'라는 청소년 프로그램에서 가져온 것입니다. 물론 이 책에서 처음 선보이는 새로운 실습도 있습니다. 어떤 사전 지식이나 경험도 필요치 않은 쉽고 재미있는 실습 방법들이 여러분을 기다리고 있습니다.

이 책에 담긴 많은 실습이 가진 가장 큰 장점은 여러분이 어려움을 겪고 있는 순간이라면 어디서든, 무엇을 바삐 하고 있든 실천해 볼 수 있다는 것입니다. 자기연민 실습을 깊이 있게 만들고 강화하고 싶을 때 도움이 되어 줄 조금 더 긴 안내 명상도 함께 담겨 있습니다. 이 길고 공식적인 안내 명상은 매일 몇 분 정도를 따로 할애하여 실습해 볼 수도 있습니다. 뉴하빙거 홈페이지(New Harbinger website)에서 녹음 파일을 내려받은 다음, 이 파일들을 실습이나 연습에서 사용해 보는 것도 도움이 될 겁니다.

제가 청소년일 때 자기연민을 알았더라면 얼마나 좋았을까요? 청소년기인 지금부터 여러분 자신에게 좋은 친구가 되어 주는 습관을 들이기 시작한다면, 앞으로 평생 이 습관을 지녀갈 수 있을 겁니다. 여러분이 심리적으로, 감정적으로, 또는 신체적으로 상처받을 때마다 의지할 수 있는 친구와 함께 살아가는 것이지요. 자, 그럼 시작해 볼까요…… 여러분 손에는 이미 자기연민 도구 상자가 들려 있으니, 이제 페이지를 넘기기만 하면 됩니다!

－크리스틴 네프(Kristin Neff)
MSC 프로그램의 공동 개발자이자
MSC 워크북『나를 사랑하기로 했습니다
(Mindful Self-Compassion Workbook)』의 공동 저자

본문의 수행 녹음 파일은
다음 QR코드로 다운받을 수 있습니다.

차례

01 마음챙김, 자신의 진실한 목소리를 듣는 방법 • 27

02 보편적 인간경험, 우리는 혼자가 아니에요! • 45

06 소셜 미디어: 비교를 멈추는 법 • 115

07 힘겨운 관계 다루기 • 135

08 자기 이미지와 화해하기 • 155

시작하는 글

내면의 비판아, 비켜 주겠니? 자기연민아, 반가워!

제가 한번 추측해 볼게요. 여러분은 자신이 충분치 않다고 느끼고 있을 거예요. 충분히 똑똑하지 않고, 충분히 세지 않고, 충분히 예쁘지 않고, 충분히 '남자답지' 못하다고 느끼고 있겠죠. 다른 모든 사람이 여러분보다 훨씬 멋지다고 느끼기도 할 거예요. 그리고 여러분이 아무리 애를 써도, 여러분은 뭔가 좀…… 어색하죠. 불편하고요. 게다가 모든 사람이 여러분의 어색함과 불편함을 눈치챘다고 느낄 거예요.

끊임없이 들려오는 그 목소리에서 가끔은 풀려나기도 하지만, 이윽고 다시 들려오죠……. 그 비판하는 목소리는 여러분을 내버려 두지 않아요. 언제나 귓가에서 종알거리며 잔소리하죠. '너는 부족해, 너는 더 잘 할 수 있어.'라고 말이죠. 그리고 여러분이 가진 모든 결점은 엄청나게 거대한 전구처럼 온 우주에 대놓고 번썩거리고요.

인간이 살아가는 세상에 온 여러분을 환영합니다. 장담하건대 여러분 혼자 그러는 건 아니에요. 우리 모두 내면의 목소리를 가지고 있지요. 특히 청소년이라면 누구든지요. 청소년기는 우리가 생각하는 것에 대해 생각하는 '메타인지(metacognition)'가 발달하는 시기랍니다. 즉, 여러분의 친구를 비롯한 다른 사람들이 여러분을 어떻게 생각하는지 여러분 자신이 생각할 수 있게 된다는 거예요. 여러분의 친구들이 어떻게 생각하는지는 정말 중요해요. 진화론적 관점에서 보자면 여러분은 자신이 속할 또래 집단, 곧 여러분이 짝을 찾아 인류를 이어 갈 집단을 찾아야 하기 때문이죠. 소속에 대한 이 기본적인 욕구는 우리의 생명 활동 깊숙이 묻혀 있기에, 우리가 소속되는 걸 위협하는 어떤 것이든 우리는 매우 위험하다고 경험하게 된답니다.

제가 여러분과 공유할 첫 번째 비밀이 바로 여기에 있어요. 그 목소리, 실은 진실의 목소리가 아니에요. 마치 진실인 것처럼 느껴지더라도 말이죠. 진실 근처에도 못 가는 목소리예요. 그건 내면의 비판이 하는 말로, 이유가 있는 목소리랍니다. 심지어 때로는 합당하기도 하죠. 그렇지만 여기에서 말하는 이유가 진실을 말하는 것은 아니랍니다.

내면의 비판 진정시키기

이 책에서는 내면의 비판을 진정시키는 방법을 보여 줄 거예요. 짜증스럽고 잔소리하는 목소리를 속삭임 수준으로 가라앉히고, 어쩌면 완전히 잠잠해지게 하는 방법이죠. 여러분이 생각하는 것과는 정반대로, 큰 망치로 머리를 얻어맞아야 일어나는 일은 아니에 요(물론 그런 방법이 솔깃할 수는 있지만). 연습이 필요하고, 새로운 기술을 배우고 그 기술이 효과가 있다는 것을 믿는 용기가 필요하고, 그러고서도 더 많은 연습, 연습, 연습이 필요하죠.

우리는 자기연민이라고 불리는 일련의 기술을 통해 내면의 비판을 진정시키는 방법을 배울 거예요. 자기연민은 우리 내면의 비판에 작용해서 내면의 비판을 점점 작아지고 약하게 만들고, 때로는 아예 눈에 띄지 않게 사라지도록 만들어 줄 수도 있어요.

그런데, 자기연민이 뭘까요

우리가 말하는 자기연민이란 무엇을 말하는 걸까요? 우리가 힘겨운 시간을 보내고 있을 때, 우리가 정말 끔찍하게 느끼는 일이 일어났을 때 우리 자신에게 친절하게 대하는 것이 자기연민이에요. 우리는 연민이 무엇인지는 이미 알고 있어요. 살면서 연민에 대해 들어보곤 했으니까요. 연민이란 특히 힘겨운 일을 겪고 있는 다른 사람을 친절히 대하고 돌보는 것이죠. 그러니 자기연민은 그 친절함과 돌봄을 우리 자신에게 향하게 하는 것이랍니다. 그래요, 마치 이기심이나 자기 방종(제멋대로 행동함)처럼 들릴지도 몰라요. 하지만 진실은, 그리고 연구를 통해 알게 된 결과, 우리가 자신에게 친절해질수록 다른 사람들에게도 더욱 친절해질 수 있어요. 더 많이 가진 만큼 더 줄 수 있지요.

우리가 열심히 일하고 목표를 달성하려면 우리 자신을 엄격하게 꾸짖어야 한다고 여기는 경우가 많아요. 하지만 연구에 따르면 이 건 진실이 아니에요. 오히려 우리가 자신에게 친절할 때 우리는 실제로 더 열심히 일해요. 우리가 실패해도 우리 자신에게 나쁜 말을 하지 않는다는 것을 알기에, 우리는 더 많은 기회를 잡고, 더 창의적으로 새로운 것들을 시도할 가능성이 커지게 되는 거죠. 우리 자신에게 친절하면 실제로 더 많은 동기가 일어나기도 해요. 그리고 연민에는 한계가 없기에, 우리 자신에게 더 많은 연민을 전한다고 해서 다른 사람에게 줄 연민이 줄어드는 것도 아니고요. 정확히 그 반대예요. 그리고 한 가지 더 보태자면, 우리는 친구들이 힘든 날을 보낼 때 우리 자신이 힘든 날에 자신을 대하는 것보다 더 친절하게 대하죠. 이게 만약 여러분 이야기 같다면, 여러분은 혼자가 아니랍니다!

자기연민은 마음챙김, 보편적 인간경험, 자기친절이라는 세 가지 요소로 이루어져 있어요. 마음챙김이란 매 순간 감정, 신체 감각, 생각 등 무엇이 일어나는지 알아차리는 거예요. 균형 잡힌 관점을 가지게 해 주고, 우리가 바라던 대로 되지 않을 때도 당황하지 않게 해 주죠. 일어나는 어떤 일이든 영원히 지속되지는 않는다는 걸 마음챙김으로 알게 되기 때문이에요. 보편적 인간경험이란 우리가 겪는 일들이 그저 인간이라서 겪는 일의 한 부분이자, 우리 모두 경험하는 일이라는 걸 이해하는 거예요. 그리고 자기친절은 말 그대로 우리 자신에게 친절해지는 거예요. 특히 우리가 필요할 때 말이죠.

이어지는 여러 장에서 각 요소에 대해 더 자세히 설명해 드릴 테니 너무 걱정하지 마세요. 이 책에서 배우게 될 자기연민 기술들은 이들 중 한두 가지, 또는 세 가지 요소 모두에 초점을 맞추고 있으니, 짜증스러운 내면의 비판뿐 아니라 청소년기에 매일 마주하는 곤란한 상황을 다루는 데 도움이 되어 줄 거예요.

저를 소개할게요

본격적으로 시작하기 전에, 저에 대해 궁금하신 분들도 있을 거예요. 저는 청소년 여러분이 스트레스에 대처하는 데 자기연민이 어떻게 도움이 되는지 연구하는 연구자이자 대학교수랍니다. 청소년들이 조금 더 자기연민적이 되면 어떤 일이 일어날지, 자기연민이 적을 때 청소년들이 어떻게 상처받는지, 무엇이 청소년들이 더욱 자기연민적이 되도록 도울 수 있는지에 대해 궁금증을 가지고, 이 질문들에 대한 답을 구하는 연구를 하는 사람이지요.

그리고 크리스틴 네프 박사님과 크리스토퍼 거머 박사님이 개발한 성인 대상 자기연민(MSC) 프로그램을 저와 같이 일하는 로레인 홉스(Lorraine Hobbs) 선생님과 함께 더 재미있는 청소년 대상 프로그램으로 만들었어요. 바로 '나 자신과 친구 되기: 청소년을 위한 마음챙김 자기연민 프로그램(Making Friends with Yourself: A Mindful Self-Compassion Program for Teens)'이에요. 홉스 선생님과 저는 연구를 통해 이 프로그램이 청소년 여러분의 스트레스를 줄이고, 어떤 경우에는 불안과 우울 또한 줄여 준다는 것을 확인했답니다. 이 프로그램은 수업에서도 활용할 수 있어요.

전 세계에서 활동하는 다른 많은 연구자분도 이 프로그램(줄여서 MFY라고 불러요)을 연구하고 있고, 가까운 미래에는 더 많은 연구가 진행될 거예요. 이 책에 담긴 많은 실습과 연습은 성인용 MSC 프로그램과 MFY 프로그램에서 가져왔어요. 몇 년 전에 제가 냈던 『청소년을 위한 자기연민 워크북(The Self-Compassion Workbook for Teens)』에서도 청소년을 위한 마음챙김과 자기연민 기술을 선보이기도 했죠. 이 책은 그로부터 한 걸음 더 나아간 책이에요. 학교, 소셜 미디어, 자아상(자기 이미지), 젠더와 섹슈얼리티에 관한 문제 등 청소년 여러분이 매일 마주하는 스트레스에 자기연민 기술을 어떻게 사용할 수 있을지 보여 줌으로써 여러분이 자기연민을 행동으로 옮길 수 있도록 도와주기 위해 쓰게 되었답니다.

이 책에 대한 간단한 안내

이 책 전반부에서는 자기연민이 무엇인지, 그리고 자기연민이 어떻게 내면의 비판을 진정시키고 여러분 자신만의 진실한 목소리를 강화시키는지 살펴볼 거예요. 이 과정을 통해 청소년으로 살아가는 데 따라오는 일반적인 스트레스와 부족하다는 느낌을 다루는 힘을 키울 수 있어요. 후반부에서는 청소년 대부분이 한 번쯤 마주하게 되는 특정 스트레스를 다루는 방법과 일상에서 자기연민을

실천하는 방법을 확인해 볼 거예요.

　책 속 곳곳에 공식 수행과 일상 수행이 모두 담겨 있어요. 공식 수행이란 매일 정해진 시간(5분에서 10분)을 내어 자리에 앉아서 하는 안내 명상과 연습이에요. 일상 수행은 '매 순간' 하는 수행이니, 여러분을 속상하게 만드는 일이 발생하면 그 자리에서 곧바로 한 가지를 선택해서 실천해 보세요. 일상 수행은 1~2분이면 실천할 수 있답니다. 두 가지 수행 모두 여러분 자신에게 친절해지는 직접 경험으로 작용할 테니, 연습해 보면 나중에 필요한 순간이 찾아왔을 때 어떻게 해야 하는지도 알게 될 거예요.

　이제부터 본격적으로 자기연민에 대해 배워 보고, 자기연민이 여러분 내면의 비판하는 목소리를 어떻게 가라앉히는지, 또 여러분이 바라는 성공적인 삶을 살아가는 데 어떻게 도움을 주는지 한번 알아봅시다.

마음챙김, 자신의 진실한
목소리를 듣는 방법

마음챙김에 대해 들어본 적이 있을 거예요. 미디어에서 최근에 꽤 많이 등장한 단어이기도 하고, 핸드폰으로 검색해 봐도 안내 명상부터 수면에 도움이 되는 음악까지 마음챙김에 대해 소개하는 앱들을 한 아름 찾아볼 수 있으니까요. 간단히 말하자면 마음챙김은 바로 지금 이 순간 무엇이 일어나는지에 호기심과 흥미를 가지고 주의를 기울이는 것을 의미해요. 여러분이 느끼는 대로 그 느낌을 알아차리는 것이지요.

마음챙김은 자기연민의 필수 요소이기도 합니다. 우리 자신에게 친절해지려면 우리 자신이 무엇을 느끼는지 먼저 알아야 하기 때문이에요. 화가 난 느낌, 상처받은 느낌, 충분히 괜찮지 않다는 느낌 등 모든 느낌을 알아차릴 수 있어야 하죠. 마음챙김을 하면 매 순간 나타나는 모든 감정, 생각, 신체 감각에 열려 있게 됩니다.

중요한 점은 여기서 말하는 알아차림은 마치 과학자가 외부에서 관찰하는 것처럼 모든 것을 인식하는 것을 의미한다는 거예요. 예를 들어, 분노가 치밀어 오르는 걸 알아차렸다고 해 보죠. 그럼 여러분은 자기 자신에게 이렇게 말할지도 몰라요. 흠, 이건 분노로구나. 엄청 강렬한 느낌이네! 나를 사로잡고 휘두를 것 같아. 또는 자기비판적인 생각을 알아차릴 수도 있죠. 이야, 한국사 시간 발표 완전히 망쳤네. 왜 더 연습하지 않은 거야? 반 애들 전체 앞에서 완전 멍청이처럼 보였을 거야!

이렇게 생각할지도 몰라요. 기가 막히네. 나는 이미 대입 원서와 수능 시험에 정신이 혼미해질 것 같은데. 내가 얼마나 불안한지 알아차리는 게 무슨 도움이 된다는 거지? 그럼 기분이 더 나빠질 것 같은데!

대학에 진학하기 위해 준비해야 하는 수많은 서류, 그리고 오늘날 여러분들을 짓누르다 못해 엄청난 불안과 우울을 불러일으키는 학업에 대한 비상식적인 압박에 맞서 우리가 할 수 있는 일은 많지 않아요. 그래요, 이 거대한 문제를 다루려면 우리 사회와 교육 시스템이 나서야 하죠. 무언가 변화가 일어날 때까지는 마음챙김이 도움이 될 거예요. 여기 그 방법이 있어요.

📩 도미닉의 이야기

대도시에 있는 공립 고등학교 졸업반인 도미닉(Dominic)은 작년부터 학교에서 진행하는 마음챙김 프로그램을 듣고 있다. 요즘은

하루에 십 분에서 십오 분가량 마음챙김을 수행하며, 스트레스를 받을 때 마음챙김이 정말로 도움이 된다는 것을 알게 되었다. 예를 들어, 해야 할 일에 질겁하거나 극도로 불안해하지 않고 한 번에 한 가지씩 해낸다. 1지망 대학원서, 2지망 대학원서, 그리고 다음 주 모의 SAT(미국의 대학수능시험)까지. 도미닉은 큰 감정의 기복 없이 자신의 삶에 주어진 과제들을 향해 움직인다. 물론 불안을 아예 느끼지 못하는 것은 아니다. 우리는 모두 때로는 불안하니까. 하지만 이제 도미닉은 건강한 방식으로 자신의 스트레스를 다루는 방법을 안다.

도미닉은 자신에게 불안이 스며들기 시작하면 심장이 더 빨리 뛰고, 호흡이 가빠지며, 몸이 굳는다는 것을 알아차렸다. 이럴 때가 오면 가능한 한 멈추고 마치 외부에서 이러한 감각들을 관찰하듯 알아차린다.

그리고 자신의 불안한 생각을 알아차린다. '내가 이 지원서 작성을 마칠 수나 있을까?' 또는 '대학에 합격을 못 하면 어떡하지?' 같은 생각들이다. 우리 모두와 마찬가지로 도미닉에게도 선택의 여지가 있다. 이러한 부정적인 생각들에 낚여서 몰두하기 시작할 수도, 아니면 자신이 배운 대로 그저 생각들을 흘려보낼 수도 있다. 생각들이 떠오르면 도미닉은 단순히 그것들을 알아차린 다음, 하늘에 구름이 흘러가듯 그 생각들이 흘러가도록 내버려 둔다. 생각이 사실이 아니란 것을 알기 때문이다. 그저 자신이 한 생각일 뿐, 그게 진실을 의미하지는 않으니까. 그저 두려워하는 자신의 일부를 표현하고 있을 뿐이다.

불안한 생각이 떠오를 때마다 도미닉은 자신의 닿인 발이 땅에 닿는 신체 감각으로 돌아온다. 이런 식으로 자신의 불안한 생각이 자신을 휩쓸거나 조종하지 않게 만들어 생각이 가진 힘을 빼앗는다.

주의를 기울이는 이러한 방식들을 통해 도미닉은 자신의 삶에서 불안과 두려움을 최소화하며 편안하게 살아가는 법을 배웠고, 자신 앞에 산처럼 쌓인 학업에 더 많은 에너지를 쓸 수 있게 되었다.

우리가 주의를 기울일 때 일어나는 일

우리의 생각, 느낌, 신체 감각에 주의를 기울여 보면 조금 흥미로운 점들을 알아차릴 수 있어요. 우리의 마음이 얼마나 자주 방황하는지와 같은 것들 말이죠. 이건 우리가 마음챙김을 수행하기 시작하며 가장 먼저 알아차리게 되는 사실이에요. 우리는 일 분 동안 한 가지 생각을 하고, 그 다음 일 분 동안엔 무언가 다른 생각을 하고, 그게 다른 생각으로 발전하면서, 그다음엔 완전히 다른 주제로 나아가게 돼요. 우리의 마음은 마치 영화의 한 부분을 반복해서 재생하듯 우리 삶 속 특정 상황에 몰두하거나 반추하는(곱씹는) 경향이 있어요.

마음챙김 수행은 우리의 마음이 방황할 때를 알아차리고, 우리의 주의를 현재 순간에 일어나는 생각, 느낌, 신체 감각으로 부드럽게 되돌리는 법을 배우는 시간이에요. 우리가 현재 순간에 주의를 기울일 수 있다면, 우리는 자신의 진실한 목소리를 더욱 쉽게 들을 수 있고, 우리 마음을 맴도는 두려움과 불안에 주의가 덜 산만해질 거예요.

마음이 방황하는 것을 좀 더 조사해 볼 수 있을지, 마음챙김 호흡 수행을 통해 한번 살펴봅시다.

 ## 수행: 연민 약간을 곁들인 마음챙김 호흡

수행 녹음 파일을 http://www.newharbinger.com/45274에서 내려받을 수 있습니다.[1]

이 수행은 스트레스를 받고 있다는 것을 알아차린 순간에 일상 수행으로 할 수도 있고, 몇 분가량 시간을 내어 공식 수행으로 할 수도 있습니다. 어떤 방식이든 효과는 나타날 거예요.

먼저 편안하고 방해받지 않을 장소를 찾아서 앉으세요. 괜찮다면 눈을 감은 다음 계속합니다.

• 호흡이 가장 잘 느껴지는 지점을 찾아봅니다. 공기가 통과하는 콧구멍일 수도 있고, 숨을 내쉴 때 느껴지는 입술이나 코끝이 될 수도 있고, 오르내리는 가슴의 움직임일 수도 있습니다. 또는 갈비뼈 바로 아래에서 숨을 쉴 때마다 팽창하고 가라앉는 횡격막의 움직임이 될 수도 있습니다.

• 이제 숨을 들이쉬고 내쉴 때마다 자신의 호흡을 느껴 봅니다. 들숨의 맨 처음부터 날숨의 마지막까지, 호흡의 모든 흐름을 느낄 수 있는지 알아차려 봅니다. 들숨이 끝나고 날숨이 시작되기 전, 또는 날숨이 끝나고 다음 들숨이 시작되기 전에 숨이 잠시 멈추는 것을 알아차릴 수도 있습니다.

---

1) 역자 주: 이 홈페이지 주소에서 받을 수 있는 녹음 파일은 영문 자료이다.

- 한 호흡, 그다음 호흡, 그리고 다음 호흡.

- 어느 순간 마음이 방황하고 있다는 것을 알아차리거나 다른 것을 생각하고 있다는 것을 알아차릴 수 있습니다. 학교나 친구와 관련된 일일 수도 있고, 수업을 마치고 나서 할 일과 같은 생각이 무작위로 나타날 수도 있습니다.

- 이러한 현상은 전혀 문제가 아닙니다. 이 또한 수행의 일부입니다. 그저 부드럽게 주의를 호흡으로 가져옵니다.

- 들숨이 폐와 심장으로, 그리고 몸의 모든 세포에 산소를 전달하면서 자신을 양육하고 있음을 느껴 봅니다. 여러분이 들이쉬는 공기가 여러분을 돌보고 있습니다. 공기가 몸 안으로 들어와 폐를 채우고, 심장으로 이동한 다음, 몸 전체와 심지어는 손가락과 발가락의 맨 끝까지 이동하는 것을 상상해 봅니다.

- 날숨에 자신의 몸이 어떻게 이완되는지 알아차려 봅니다. 들숨보다 날숨을 좀 더 길게 내쉬면 알아차리는 데 도움이 됩니다. 배가 평평해지고, 어깨가 내려가며, 가슴이 약간 아래로 가라앉습니다. 자신의 몸이 의자로 조금 더 깊숙이 내려앉는 것을 알아차려 봅니다.

- 생각하고 있다는 것을 알아차릴 때마다 자신을 야단치지 않고(그럴 필요가 없습니다) 그저 부드럽게 호흡으로 주의를 되돌립니다. 준비가 되었다면 눈을 감았던 경우에는 천천히 눈을 뜹니다.

이게 다예요! 이렇게 간단해요. 세 번 정도 호흡하며 일상 수행으로 해 볼 수도 있고, 더 긴 시간동안 공식 수행으로 해 볼 수도 있어요.

여러분의 호흡에 주의를 기울일 때 마음이 방황하는 것을 알아
차렸나요? 아마 그랬을 거예요. 우리의 마음은 무언가 우리를 해롭
게 하는 것이 있는지 살피느라 떠돌거든요. 그래야 우리를 보호할
수 있고, 그래서 우리가 기습당하지 않는 거고요. 예를 들어, 여러
분의 마음이 동일한 이야기, 아마도 곧 마감이 다가와서 걱정되는
숙제 같은 것으로 되돌아가는 걸 알아차렸을 수도 있어요. 여러분
의 마음은 여러분이 그 숙제를 잊어버려 낙제를 받지 않게 여러분
에게 끊임없이 숙제를 상기시켜 주고 있지요. 우리의 마음은 우리
의 안전을 확실히 하기 위해 끊임없이 주위를 조사하는 경비대와
같답니다.

우리의 마음이 하는 일

이게 바로 우리 마음이 프로그래밍된 방식이에요. 우리의 마음
은 우리가 해야 할 일에 대비하게 만들어 우리를 보호하려 하죠. 항
상 우리를 예의주시하며, 상황이 다시 나타날 경우를 대비해서 우
리를 준비시켜요. 마치 '다음번에는 완벽한 모습으로 돌아오겠습
니다.' '다음번에는 외면당하거나 안전하지 않다는 느낌을 남기지
않을 겁니다.'고 말하는 것처럼요.

한 가지 예를 들어볼게요. 여러분이 학교 복도를 걸어가고 있는
데, 학교에서 인기 있는 아이들 한 무리가 계단 근처에서 어울려 놀
다가 여러분이 지나가는 걸 보고는 서로 마주 보며 웃기 시작해요.

여러분은 어떤 말을 해야 할지 몰라요. 무슨 일이 일어나고 있는지 알지 못하니까요. 그래서 서둘러 그 아이들을 지나쳐 갑니다.

그리고 여러분의 머릿속에서는 어떤 일이 일어날까요? 여러분 자신을 보호했어야 한다고 생각할지도 모르겠네요. 걔들이 서로 무슨 말을 했는지 궁금해할 수도 있어요. 당황스럽다고 느끼거나, 조금 부끄럽거나, 여러분의 어떤 점을 보고 웃었는지 궁금해할 수도 있겠어요. 옷 때문이었을까? 나에 대한 어떤 소문이 도는 걸까? 점심때 먹었던 게 얼굴에 묻어 있었을까?

여러분의 마음은 답을 찾아 방황하며 어떻게 대처해야 했을지, 다음에는 어떻게 다르게 대처할 수 있을지 생각합니다. 그래야 다음번에는 고개를 높이 들고 당당하게 지나칠 수 있을 테니까요. 여러분의 마음은 여러분을 보호할 방법을 찾아내려 작동하는 중이므로 계속 그 시나리오로 돌아갑니다. 이게 마음이 하는 일이에요. 우리는 생물학적으로 이렇게 설정되어 있지요.

여러분이 광야에서 수렵 · 채집으로 살아가는 유목민이 되었다고 상상해 보세요. 만약 여러분을 해칠 수 있는 무언가, 예를 들어, 먹잇감을 찾는 곰 같은 동물에 주의를 기울이지 않는다면 여러분은 곰에게 잡아먹히고 말지도 몰라요. 우리는 우리에게 해를 끼칠 수 있는 것들에 경계를 늦추지 않으며 인간 종으로서 살아남은 것이지요. 하지만 안타깝게도 신체보다 감정이 더 상처 입을 가능성이 큰 요즘 세상에서는 이러한 고대 시스템이 그다지 잘 작동하지 않아요. 복도에서 소위 잘 나가는 아이들이 무얼 속닥거리고 있었는지에 온통 정신이 팔려 있기도 하죠.

방황하는 마음이 문제인 이유

우리가 경험한 것을 애써 이해하려고 우리의 마음이 그 상황을 반복해서 재생하면 어떤 문제가 일어날까요?

먼저, 우리의 마음이 과거에 일어났던 일이나 미래에 일어날 일들로 가득 차 있으면 우리에게 지금 어떤 일이 일어나는지 알아차리지 못해서 문제가 됩니다. 마음이 다른 곳에 가 있으면 현재 순간에 발생하는 특정한 단서를 놓치기 쉬워요. 즉, 팽팽한 농구 시합을 하는 중에 승패를 결정짓는 골을 넣는 순간과 같은 기회들을 놓치게 되는 거죠. 수학 시험에서 x값이나 y값을 구할 수 없을 수도 있고요. 피아노를 칠 때 복잡한 펀꾸밈음을 내지 못할 수도 있어요. 우리의 손가락에서 무슨 일이 일어나는지 실제로 알아차리지 못했기 때문에요.

우리의 마음이 문제 상황으로 자꾸 돌아갈 때 생겨나는 또 다른 문제는 우리가 이미 일어났던 일에 몰두할수록 우울해질 가능성이 커진다는 연구 결과에서 확인할 수 있습니다. 그리고 우리는 미래에 대해 걱정할수록 더 불안해지는 경향도 있지요. 따라서 우리의 마음은 우리가 생존하도록 생물학적으로는 도움을 주지만, 우리가 행복해지는 데 반드시 도움을 주는 건 아니랍니다.

게다가 우리 머릿속 모든 소음, 즉 모든 반추(곱씹기)와 걱정은 우리 자신의 진실한 목소리를 듣지 못하게 합니다. 우리 존재의 아주 깊숙한 중심에 자리한 그 목소리는 우리 자신을 매우 잘 알 뿐만 아니라 우리에게 무엇이 가장 최선인지도 알고, 우리를 조건 없이 온전하게 사랑하지요. 이 목소리는 매우 현명하지만, 때로는 다른 모든 목소리 사이에서 듣기 어려울 수도 있어요. 반추하는 목소리, 걱정하는 목소리, 내면의 비판하는 목소리 같은 다른 목소리들은 소리가 정말 크거든요. 우리 자신의 진실한 목소리를 들으려면 다른 목소리들을 진정시켜야 해요.

해결책: 나의 진실한 목소리 듣기

그럼 어떻게 하면 될까요? 먼저, 과거와 미래에 몰두하지 않는 수행을 해 볼 수 있어요. 바로 마음챙김 수행이 등장해야 하는 시점이죠.

마음챙김은 현재 순간에 일어나는 것들과 함께 여기에 머무르는 방법을 우리에게 가르쳐 줍니다. 우리의 마음이 과거와 미래에 관한 생각의 웅덩이에서 허우적거리는 대신, 바로 지금 이 순간에 우리가 느끼는 것에 집중하게 도와주지요. 이번 장 시작 부분에서 만났던 도미닉이 하던 것처럼요. 도미닉은 '만약에'라는 두려움을 놓아버리고, 바로 그 순간 일어나고 있던 것들, 예를 들어 방 안의 소리, 자신의 호흡, 신체 감각 같은 것들로 주의를 가져갔어요. 그렇게 자신이 필요한 것을 줄 수 있는 장소에 머무를 수 있었지요. 예를 들어, 만약 자신이 자기비판적이 되었다는 걸 알아차렸다면, 도미닉은 자기 자신에게 연민을, 즉 자기연민을 줄 수 있었을 거예요.

마음챙김을 하는 방법은 실제로 아주 간단해요. 언제나 현재 순간에 일어나는 우리의 신체 감각에 초점을 맞추는 거죠. 발바닥이 땅에 닿는 느낌, 들이쉬고 내쉬는 호흡, 손에 쥔 물체의 느낌, 서로 맞닿아 있는 위아래 입술의 감각, 또는 다른 무수한 신체 감각을 알아차려 보세요. 실제로 어떤 신체 감각이든 알아차려 볼 수 있답니다.

지금부터 어디서든 할 수 있는 마음챙김 연습 몇 가지를 살펴볼 거예요. 걱정하고 반추하는 자기비판적인 목소리를 걷어내어 더욱 차분하고 맑은 목소리가 우리에게 들릴 수 있도록 돕는 연습들이에요.

첫 번째 연습은 '발바닥 느끼기'로, 이 연습을 공유해 준 니르베이 싱(Nirbhay Singh) 박사님께 다시 한번 감사하는 마음을 전합니다. 싱 박사님은 2003년에 발표한 논문에서 이 연습을 처음으로 소개하였습니다. 여기서 소개하는 '발바닥 느끼기'는 MSC 프로그램 용도로 변형한 수행을 제가 조금 더 각색한 버전이에요.

 연습: 발바닥 느끼기

연습 녹음 파일을 http://www.newharbinger.com/45274에서 내려받을 수 있습니다.

이 연습은 신발을 벗고 맨발이나 양말을 신은 채로 하는 것이 가장 좋습니다. 신발을 신은 채로 해도 괜찮지만, 한 번쯤은 꼭 신발을 벗고 해 보시길 바랍니다. 마음이 방황하면 그저 발바닥의 감각으로 돌아오면 됩니다.

- 자리에서 일어서서 그저 서 있는 몸의 감각을 알아차려 봅니다. 발바닥에 전해지는 몸의 무게를 알아차려 보시고, 공간 안에서 여러분의 몸이 어떻게 느끼는지 알아차려 보세요.

- 이제 바닥에 닿아 있는 발바닥의 느낌을 알아차려 보세요. 바닥이 딱딱하게 느껴지나요? 약간 푹신하게 느껴지나요? 발바닥의 느낌은 따뜻한가요, 시원한가요? 또 어떤 감각을 알아차릴 수 있나요?

- 이제 몸을 2~3cm 정도 앞으로 기울여 봅니다. 무엇을 알아차렸나요? 발바닥에서는 어떤 변화가 일어났나요?

- 다시 중심을 잡고, 이번에는 몸을 2~3cm 정도 뒤로 기울여 봅니다. 지금은 무엇을 알아차렸나요?

- 다시 조금 앞으로 몸을 기울이면서 발바닥에서 어떤 일이 일어나고 있는지 알아차려 보세요. 이제는 조금 뒤로 몸을 기울이면서 변화하는 어떤 감각이든 알아차려 보세요. 천천히 몇 차례 이렇게 반복하면서 여러분의 발바닥에서 어떤 일이 일어나는지에 주의를 기울여 봅니다.

- 이제 몸을 왼쪽으로 조금만(2~3cm 정도) 기울여 봅니다. 발바닥의 감각이 어떻게 변화하는지 알아차려 보세요.

- 이제 몸을 오른쪽으로 조금만(2~3cm 정도) 기울여 봅니다. 다시 한번, 어떤 변화가 일어나는지 알아차려 보세요.

- 왼쪽에서 오른쪽으로 몸을 조금씩 왔다 갔다 기울여 봅니다. 이렇게 하는 동안 일어나는 감각의 변화를 알아차려 봅니다.

- 여러분의 발이 몸의 다른 부분에 비해 얼마나 작은가를. 그런데도 이 발이 온종일 여러분의 몸 전체를 지탱하고 있다는 것을 알아차려 봅니다. 잠시 시간을 내어 여러분의 발이 여러분을 위해 하는 모든 일에 감사를 전해 볼 수도 있습니다. 모든 사람에게 발이 있는 것이 아니기에, 여러분에게 발이 있다는 사실마저 감사히 여길 수도 있습니다.

- 그리고 잠시 시간을 내어 여기에 서 있는 몸의 무게를 느껴 보고, 준비되었다면 다시 자리에 앉습니다.

발바닥과 같은 신체 감각에 초점을 맞추자 스트레스와 불안이 줄어들었다는 것을 알아차렸을 것입니다. 여러분이 현재 순간에 초점을 맞추었기 때문입니다. 우리의 마음은 대입 걱정 같은 불안이 드리워진 미래로 점프하지 않습니다. 우리가 할 수 있는 한 현재 순간에 머무를 때, 스트레스는 줄어듭니다.

다음은 마음을 진정시켜서 스트레스를 줄이고 자기 자신으로 존재할 수 있는 용기를 키우는 데 도움이 되는 또 다른 연습입니다. 여러분이 가만히 있는 것이 힘들고 움직이는 것을 좋아한다면 이 연습이 특히 마음에 들 거예요.

 연습: 마음챙김 움직임

연습 녹음 파일을 http://www.newharbinger.com/45274에서 내려받을 수 있습니다.

- 바르게 서서 양 팔을 몸통 옆에 가볍게 놓은 상태로 시작합니다. 움직임 없이 가만히 서 있을 때 몸이 어떻게 느껴지는지 알아차려 보세요.

• 이제 아주 천천히, 여러분에게 편안하다고 느껴지는 대로 몸을 움직여 봅니다. 움직일 때마다 근육의 감각을 알아차려 봅니다. 예를 들어, 팔을 머리 위로 뻗으려 할 때, 하늘을 향해 닿을 듯 팔이 움직이며 어떻게 느껴지는지 알아차려 보세요.

아래에 기분 좋고 즐겁게 움직이는 방법 몇 가지를 제안해 두었어요. 그 중 몇 가지 또는 전부 다 해 본 다음, 어떤 방법이 가장 좋았는지 확인해 보세요.

1. 꼭두각시 인형

허리를 굽혀 양 팔, 머리, 어깨를 앞으로 숙이며 양손이 바닥을 향하게 합니다. 무릎을 살짝 굽혀서 배가 다리에 닿게 할 수도 있습니다. 손이 바닥에 닿을 필요는 없고, 그저 양손이 팔꿈치에 대롱대롱 매달리게 하면 됩니다.

긴장을 풀고 매달려 보세요. 원한다면 조금씩 앞뒤로 또는 좌우로 몸을 흔들어 볼 수도 있습니다.

이제 누군가 여러분의 허리에 실을 묶어 천장 쪽에 매달았다고 생각해 보세요. 이제 천천히 실이 잡아당겨지며 여러분의 허리가 조금씩 들려 오릅니다. 한 번 잡아당겨질 때마다 척추가 하나씩 들려 쌓아 올려지는 척 움직여 보세요.

마침내 어깨가 올라오고, 그 다음엔 목이, 끝으로 머리가 일어납니다.

2. 벨리댄서

엉덩이에 양손을 얹고 느낌이 어떤지 잠시 알아차려 보세요. 발에서는 바닥이 어떻게 느껴지나요? 이 공간에서 몸은 어떻게 느껴지나요? 두 손이 엉덩이에 닿는 느낌은 어떤가요?

천천히 엉덩이를 움직여 한 방향으로 원을 그리세요. 허리 위 다른 모든 부위는 가능한 한 고정한 채로 움직입니다. 원을 그리며 천천히 움직일 때 다리에서 느껴지는 감각이나 움직임을 알아차려 보세요. 허벅지, 무릎, 발에서도 알아차려 볼 수 있습니다. 그저 엉덩이만 움직였는데 어떤 변화가 일어났나요?

이제 반대 방향으로 원을 그리며 엉덩이를 움직여 봅니다. 이전에 움직였던 방향과 달라진 점이 있나요?

이제 여러분이 하고픈 대로 엉덩이를 흔들어 봅니다. 엉덩이 주변에 온갖 종류의 종이 매달려 있고, 짤랑거리며 소리를 내고 있다고 상상해 보세요. 여러분이 하고픈 대로, 가능한 한 시끄러운 소리가 나도록 흔들어 보세요. 무엇을 알아차렸나요? 엉덩이, 다리, 무릎, 발에서 무엇이 느껴지나요?

이제 처음 시작했던 고요한 상태로 돌아옵니다. 양발을 바닥에 붙이고, 양손을 엉덩이에 얹습니다. 바로 지금 느껴지는 것을 알아차려 보세요. 몸에서 흐르는 에너지가 느껴지나요? 떨림이 느껴지나요? 아니면 아무것도 느껴지지 않나요?

무엇을 느끼든 느끼지 않든 괜찮다는 것을 기억해 주시길 바랍니다. 특별히 느껴야 할 것은 아무것도 없습니다. 중요한 것은 주의를 기울이는 것입니다.

3. 저글링 달인

이번에는 여러분이 저글링 달인이라고 상상해 봅니다. 깃털, 볼링 핀, 테니스공을 가지고 저글링을 하는 척 해 보세요. 깃털을 던지고 나서 공기를 타고 떠내려 오는 걸 지켜본 다음, 깃털을 다시 잡기 전 볼링 핀을 던집니다.

깃털을 잡고, 테니스공을 던지고, 다시 깃털을 던지기 전 잽싸게 볼링 핀을 잡습니다.

이런 식으로 계속해 보세요. 깃털, 볼링 핀, 테니스공. 하나를 떨어뜨려도 괜찮습니다! 그저 다시 집어 들어 저글링을 계속해 보세요.

4. 고양이 자세/소 자세

이 방법은 카펫이나 요가 매트 위에서 편하게 해 볼 수 있습니다. 양쪽 손바닥과 무릎으로 지탱하고 엎드립니다. 손의 위치는 어깨 아래에 오게 하고, 무릎은 골반 너비로 벌립니다. 머리와 목이 척추와 일직선이 되도록 합니다. 등이 탁자처럼 펴지기 때문에 테이블 탑 자세(tabletop; 탁자 자세)라고 불리기도 합니다. 이 자세에서 휴식을 취하는 느낌과 몸에서 느껴지는 모든 감각을 알아차려 보세요. 숨을 들이쉴 때 호흡의 감각에 주의를 기울이고, 공기가 콧속으로 들어가 폐를 채운 다음, 날숨으로 몸 밖으로 나오는 것을 느껴 봅니다.

이제 숨을 들이쉬며 등을 아치 모양으로 만들고, 여러분의 엉덩이, 어깨, 목, 머리가 등의 아치와 함께 자연스럽게 위쪽으로 움직이는 것을 확인합니다. 이 자세는 들판에서 풀을 뜯고 있는 소와 같다고 해서 소 자세라고 불립니다 (그래요, 좀 과장이 섞여 있지만 말장난은 아니랍니다!).

숨을 내쉴 때 공기가 폐에서 빠져나가는 동안 등을 굴리며 여러분의 어깨, 목, 정수리가 자연스럽게 바닥을 향해 아래로 내려가는지 알아차려 봅니다. 이 자세는 고양이가 등을 쭉 뻗는 것 같다고 해서 고양이 자세라고 불립니다.

고양이 자세와 소 자세를 여러분 자신만의 속도로 몇 차례 반복해 보면서, 몸의 다양한 감각들을 알아차려 봅니다. 등, 어깨, 엉덩이의 근육이 늘어나는 것을 알아차려 봅니다. 마음에서 일어나는 생각을 알아차렸다면, 그저 주의를 몸에서 느끼는 감각으로 다시 가져옵니다. 고양이/소 자세를 하면서 마음이 방황하는 것을 알아차릴 때마다, 그저 자신의 신체 감각으로 주의를 가져오면 됩니다.

마무리

이렇게 마음챙김 움직임을 하는 동안, 그리고 감각에 주의를 기울이는 동안, 여러분이 불안해하거나 자기비판적인 생각을 떠올리지 않았다는 걸 알아차렸나요? 바로 신체 감각을 느끼는 데 몰두했기 때문이죠. 여러분은 현재 순간에 머물렀던 거예요!

이런 경험을 하게 되면, 그 경험이 단 1초 만이었더라도 여러분은 마음챙김을 한 것이기에 그 가치는 충분해요. 마음챙김 상태가 어느 정도 되었다는 것은 여러분의 몸에서 느낌이 나타나는 위치를 찾을 수 있다는 것을 의미하므로, 앞으로 불편한 느낌이 나타나는 걸 알아차렸을 때 자기연민을 연습할 수 있을 거예요.

축하합니다! 여러분은 이 연습을 언제든 다시 해 볼 수 있어요.

이미 여러분 자신에게 더욱 연민 어린 사람이 되는 길에 들어선 것이랍니다!

다음 장에서는 자기연민의 두 번째 요소인 보편적 인간경험에 대해 살펴보도록 할게요.

보편적 인간경험,
우리는 혼자가 아니에요!

제이미(Jamie)는 혼자라고 느꼈어요. 부모님은 끔찍한 이혼 과정을 겪고 있었고, 그 결과 제이미는 아는 사람이 아무도 없는 새로운 도시로 최근 이사를 하게 되었지요. 제이미는 비참했어요. 자기 방에 혼자 있으면서, 핸드폰으로 예전 학교 친구들에게 메시지를 보내며 시간을 보냈어요. 하지만 그 친구들은 놀러 다니며 즐겁게 지내고 있었고, 자신은 아빠의 아파트에서 아빠와 아빠의 새 애인과 함께 있었기에 메시지를 보내도 제이미의 기분은 나아지지 않았죠. 새로운 학교에서의 수업 내용은 예전 학교와는 전혀 달라서 뭐가 뭔지 전혀 알 수 없었고, 제이미의 성적은 급격히 떨어졌어요. 제이미는 어찌할 줄을 몰랐어요. 학교 아이들 모두 각자 파벌이 있었고, 제이미는 어디에도 속하지 못했어요. 마치 모두가 유치원 때부터 서로를 알고 지냈던 것처럼 보였거든요. 무엇보다 최악이었던 건, 아무도 자신이 겪고 있는 일을 이해하거나 관심을 가지지 않는 것 같다는 거였어요.

우리는 종종 완전히 혼자라고 느끼곤 하죠. 아무도 이 기분을 함께 느끼지 못하는 것 같고요. 안전하지 않다는 감각과 무가치하다는 느낌에 사로잡히기도 하죠. 때로는 상황이 괜찮아 보이고, 때로는 정말로 행복하다고 느끼기도 하지만, 바로 다음 순간 흐느끼고 있는 자신을 보며 도무지 왜 이러는지 모르기도 합니다.

이런 외로움과 '충분하지 않다'는 느낌은 소셜 미디어를 접하며 더 심해지기도 해요. 우리가 알다시피 사람들은 소셜 미디어에는 자신의 가장 좋은 면만 올리거든요. 실제 겪고 있는 일상이 아니라, 자신을 멋지게 보이는 것들만 추려서 올리죠. 그걸 보다 보면 다른 사람들의 삶은 그저 환상적이라는 인상을 받을 거예요. 그 사람들은 힘들어하지 않는 것 같고, 아주 작은 걸림돌도 없이 눈부시게 흘러가는 삶을 사는 것 같고요. 결국 내가 뭔가 정말로 문제가 있는 거라고 결론 내리게 됩니다. 이렇게 힘든 시간을 보내는 건 나 혼자뿐이니까요.

우리는 광고와 수익 창출이 주도하는 이미지 중심 사회에서 살아가고 있어요. 이런 현대 사회에서 고립감을 느끼지 않기란 쉽지 않죠. 게다가 사회적 비교는 우리가 인간이라서 하는 행동이자, 청소년기에 특히 만연하게 되는 행동이거든요.

최종적으로 여러분은 자신이 무가치하다는 느낌을 어렴풋하게 가지게 되고, '~보다 못하다'고 느끼며, 게다가 이렇게 느끼는 멍청이는 자신뿐이라고 확신하게 됩니다. 다른 모든 사람은 그들의 삶을 함께 살아가고 있고요.

하지만 보편적 인간경험은 다른 관점을, 완전히 다른 관점을 우리에게 제시한답니다.

보편적 인간경험이란

보편적 인간경험이란 우리가 경험하는 감정, 즉 슬픔, 상처받음, 좌절, 분노, 심지어는 우리를 무너뜨리는 절망까지 인간으로 존재하는 경험 일부라는 사실을 이해하는 것입니다. 우리가 느끼고 경험하는 무엇이든 정상이며 예측 가능하다는 점을 알려 주는 자기연민의 구성 요소이지요. 우리가 기쁨, 흥분, 즐거움, 사랑을 느끼는 것처럼 '부정적인' 감정이라 불리는 감정의 다른 면 또한 마주하는 것일 뿐이라는 거예요. 이게 바로 인간이 되어가는 방식이죠. 우리는 가장 크게 넘쳐나는 기쁨에서부터 가장 침통한 절망까지 모든 범주의 감정을 느낍니다. 그리고 자기연민의 다른 두 가지 구성 요소인 마음챙김과 자기친절은 우리가 이러한 감정들을 알아차리고 어떻게 다루어야 할지 알려 주지요.

우리는 모두 부정적인 감정을 비롯한 다양한 감정을 느껴요. 누군가는 나쁜 감정에 맞서 싸우거나, 저항하거나, 다른 사람(또는 우리 자신에게도)에게 숨기기를 선택하고, 다른 누군가는 자신의 감정을 친구나 가족과 공유하는 것을 선호하지요. 이러한 선택과는 무관하게, 우리는 모두 감정을 경험합니다.

보편적 인간경험은 우리가 혼자가 아니라는 것을, 이 지구라는 행성에서 상처와 슬픔, 실망감과 우울함, 그리고 불안을 경험하며 배회하는 77억 명 중 한 사람이라는 것을 기억하게 해 줍니다. 그러므로 이번 장 시작 부분에 등장했던 제이미가 비록 혼자라고 느낄지라도, 그리고 주위를 둘러보면 모두가 황홀할 정도로 행복해 보이고 단 한 줌의 부정적 감정도 느끼지 않는 것처럼 보일지라도, 현실에서 우리는 모두 고군분투하고 있는 것이지요. 다른 사람들이 잘 숨기고 있을지는 몰라도, 힘겨움과 도전은 누구에게나 존재한답니다.

우리 모두 애쓰고 있다는 것을 기억하면 도움이 될 거예요.

보편적 인간경험이 중요한 이유

보편적 인간경험을 이해하면 우리는 혼자가 아니고, 다른 사람들 또한 애쓰고 있으며, 이 모든 것이 인간 존재의 일부라는 것을 기억할 수 있어요. 여러분은 아마 우리가 이걸 깨닫는 게 왜 그렇게 중요하다는 것인지 궁금해할지도 모르겠네요. 우리가 다른 이들과 연결되고 어우러진다고 느끼는 게 말이에요.

간단히 말하자면, 이것이 인간 생명의 기본을 이루기 때문이에요. 진화론적 관점에서 우리가 살아남으려면 다른 사람들이 필요해요. 자손을 돌보고 생산하기 위해서는 다른 사람들이 필요하다는 거죠! 선사 시대에 무리를 지어 함께 지내는 것은 특히 큰 동물을 사냥하거나 외부의 적으로부터 부족을 지켜야 할 때 보호 효과가 있었어요. 특히 식량이 부족할 때는 홀로 생존하려는 고립주의자보다 집단의 보호를 받는 사람이 식량을 얻을 가능성이 더 컸죠.

이 메시지, 즉 다른 사람들과 연결되어야 할 필요성이 우리의 생명에 내재되어 있다는 걸 이해하고 인정하는 것이 중요해요. 우리가 살아남으려면 다른 사람들이 필요합니다. 그러니 여러분이 집단의 일원이 되고 싶거나 친구를 바라는 건 잘못된 게 아니에요. 제 말을 한번 믿어 보세요, 부끄러워할 일이 전혀 아니에요. 우리 모두에게 해당하는 진실일 뿐이에요.

다음은 우리 모두 다양한 감정을 경험한다는 것을 기억하는 데 도움이 되는 연습입니다. 이 연습에서 여러분은 자신이 알고 있는 누군가를 떠올리게 될 거예요. 다양한 사람들, 예를 들어 친한 친구나 가족, 어쩌면 나를 짜증스럽게 만드는 사람이나 학교에서 굉장히 인기 있는 아이를 대상으로 이 연습을 해 보길 바라요. 여러분이 우러러보는 사람이나 소셜 미디어에서 팔로우하고 있는 사람마저 연습해 볼 수 있어요. 떠올리는 사람이 누구인지에 따라 다른 경험을 하게 될 거예요. 마치 실험하듯 해 보세요!

연습: 나와 같은 사람

연습 녹음 파일을 http://www.newharbinger.com/45274에서 내려받을 수 있습니다.

이 연습은 트리쉬 브로더릭(Trish Broderick) 선생님이 '호흡하는 법 배우기(Learning to BREATHE)'라는 청소년 대상 마음챙김 프로그램에서 사용하는 연습으로, 차드 멍 탄(Chade-Meng Tan) 선생님의 작업을 각색하여 만들었습니다.

이 연습은 마음속으로 무언가를 시각화하며 진행되는데, 대개 눈을 감으면 시각화를 하기 더 쉬워요. 여러분이 편안하다고 느낀다면 눈을 감고, 안정을 취하며 긴장을 조금 풀 수 있도록 몇 차례 깊이 호흡해 봅니다.

숨을 내쉴 때마다 몸에 쌓인 어떤 긴장이나 스트레스를 조금씩 내려놓을 수 있는지 살펴봅니다. 그저 이완합니다. 그저 내려놓습니다.

이제 여러분이 아는 사람 한 명을 떠올려 봅니다. 여러분이 잘 아는 사람일 수도 있고, 같은 반 아이 중 아무나일 수도 있습니다. 여러분이 궁금했던 사람일 수도 있고, 심지어 지금껏 단 한 번도 어떤 식으로든 생각해 본 적 없는 사람일 수도 있습니다. 도전해 볼 준비가 되었다면, 여러분을 성가시게 하는 사람을 선택할 수도 있습니다. 선생님이 질문할 때마다 손을 번쩍 드는 아이일 수도 있고, 남동생이나 여동생일 수도 있습니다. 또는 여러분이 정말 좋아하지만 개인적으로 만나본 적은 없는 사람, 예를 들어 넷플릭스 시리즈에 나오는 사람이나 소셜 미디어에서 팔로우하는 사람일 수도 있습니다.

그 사람을 생각하면서 다음 문구를 천천히 마음속으로 반복해 봅니다. 서두르지 않고 시간을 들여서 문구가 정말로 여러분에게 스며들도록 하는 것이 정말 중요합니다. 반복하면서 문구의 의미에 대해 생각해 봅니다. '이 사람'을 여러분이 선택한 사람의 이름으로 바꿔서 해 볼 수도 있습니다.

- 이 사람에 대해 다음 몇 가지를 깊이 생각해 봅니다.

"이 사람은 나처럼 그저 한 인간일 뿐이다."

"이 사람은 나처럼 몸과 마음을 가지고 있다."

"이 사람은 나처럼 느낌과 감정, 생각을 가지고 있다."

"이 사람은 나처럼 때로 슬프고, 실망하고, 화가 나고, 상처받고, 헷갈리는 순간이 있다."

"이 사람은 나처럼 고통과 불행에서 벗어나고 싶어 한다."

"이 사람은 나처럼 안전하고, 건강하고, 사랑받기를 원한다."

"이 사람은 나처럼 행복하기를 원한다."

- 이제 이 사람을 향해 자연스럽게 올라오는 몇 가지 바람을 허용해 봅니다.

"이 사람에게 인생의 힘든 시간을 지탱해 줄 힘과 자원, 그리고 조력자들이 있기를 바랍니다."

"이 사람이 고통과 괴로움에서 벗어나기를 바랍니다."

"이 사람이 강해지고 안정되기를 바랍니다."

"이 사람이 행복하기를 바랍니다. 왜냐하면 이 사람은 나와 같은 한 인간이기 때문입니다."

- 몇 차례 깊이 숨을 쉬면서 어떤 느낌이 드는지 알아차려 봅니다.

이 연습을 하면서 몇 가지 놀라운 점을 알아차렸을 수도 있어요. 만약 친한 친구를 선택했다면 그 친구와 조금 더 가까워졌다고 느끼거나, 친구가 더 다정하게 느껴지거나, 친구가 이해된다고 느꼈을 거예요. 친구에게 조금 더 마음이 열리는 느낌을 받았을 수도 있고요. 여러분이 단 한 번도 만나지 못했던 선망하는 유명인을 선택했다면, 여러분에게 나타난 사실, 즉 그 사람 또한 그저 감정이 있는 인간일 뿐이며 상처받고 실망한다는 점을 깨닫고 놀랐을 수도 있어요. 그리고 여러분을 성가시게 하는 사람을 선택했다면(정말 도전이 되는 작업이었겠지만), 그 사람 또한 우리들처럼 힘겨워하고 자신의 길을 찾으려 애쓰고 있다는 사실에 놀라지는 않았는지 모르겠네요.

이 연습은 여러분 삶 속 누군가를 대상으로 규칙적으로 연습하기 좋은 수행이고, 특히 여러분이 누군가와 힘든 시간을 보내고 있을 때 가장 크게 도움이 될 거예요. 그 사람도 인간이며 힘겹게 애쓰고 있다는 걸 알게 해 주는 연습이니까요. 때로는 일을 망치기도 하고, 다른 사람과 부딪히기도 하며, 장애물에 걸려 넘어지기도 하고, 우리들처럼 어떻게든 자신을 추슬러서 삶의 여정을 계속하는 존재라는 걸 말이죠. 자신을 추스르고 계속 나아간다는 건 쉬운 일이 아니고, 분명 용기가 필요한 일이에요. 하지만 이는 또한 여러분 자신이 누구인지, 그리고 행복해지려면 무엇이 필요한지 알게 해 주기도 하지요.

우리 모두가 지니고 있는 핵심 가치

우리 모두 핵심 가치를 지니고 있다는 사실은 지구상에서 살아가는 모든 인간과 우리를 연결해 줍니다. 핵심 가치란 우리가 믿고,

우리에게 의미 있으며, 우리가 원하는 삶의 방식을 안내하는 가치예요. 우리의 핵심 깊숙이 자리하고 있으며, 우리가 어떤 사람인지를 알려 주는 기본이 곧 핵심 가치랍니다. 사람에 따라 서로 다른 핵심 가치를 가지고 있어요. 예를 들어, 교육, 가족 및 친구와의 관계, 신앙, 야외 활동, 여행과 세계 탐험, 음악 감상이나 연주, 예술 창작 등을 자신의 핵심 가치로 두곤 하지요.

여러분의 핵심 가치가 무엇인지 알아 두면 자기 자신에게 연민 어린 사람이 되는 방법을 아는 데 도움이 될 거예요. 어느 방향으로 가야 할지 막막하고 혼란스러울 때 핵심 가치를 알아 두면 그리로 돌아갈 수 있으니까요. 그리고 우리는 사회적 존재이기 때문에 다른 사람들로부터 영향을 받기도 하고, 심지어는 우리의 핵심 가치와 일치하지 않는, 더 심하게는 핵심 가치와 반대되는 방식으로 살아가고 있는 자신을 발견하게 될지도 몰라요. 이런 경우에 우리는 방향 감각을 잃어버리거나, 스트레스를 받거나, 우리 자신에게 화가 나거나, 우리 내면의 비판하는 목소리가 나타나기도 하죠. 우리의 핵심 가치가 무엇인지 알면 우리 삶의 방향을 정하고 우리의 행동을 그 방향으로 이끌어 갈 수 있을 거예요.

그런데 우리의 핵심 가치를 어떻게 발견할 수 있을까요? 이어지는 연습은 여러분의 삶을 집으로 은유해서 성찰해 보는 연습으로, 여러분의 핵심 가치를 발견하는 데 도움이 될 거예요. 이 연습은 크리스토퍼 거머 박사님과 크리스틴 네프 박사님의 성인 대상 MSC 프로그램 연습에서 영감을 받고 개발한 청소년을 위한 자기연민(MFY) 프로그램용 연습이에요.

연습: 나의 집/나 자신

1부: 나의 집 상상하기

여러분의 집을 그림으로 그려 보거나 그저 마음속으로 상상해 봅니다. 이 집은 정원, 굴뚝, 울타리, 토대, 창문이 있는 벽돌로 지어진 집이어야 합니다.

다음은 집의 각 부분에 대한 질문입니다. 시간을 갖고 여러분의 답변을 진지하게 떠올려 보세요. 몇 가지 질문의 답이 비슷할 수도 있는데, 걱정하지 않아도 됩니다. 여러분이 원하는 대로 질문의 의미를 해석해도 좋습니다. 각 질문에 답을 하는 데 깊이 생각할 시간을 충분히 가지는 것이 중요합니다. 답은 글로 적어 두는 것이 좋습니다.

1. **토대.** 여러분에게 기본이 되어 주는 토대, 또는 가장 중요한 가치는 무엇인가요?
2. **창문.** 여러분의 집에서 미래가 보이는 창밖을 내다보면, 무엇이 보이나요?
3. **현관으로 가는 길.** 무엇이 여러분을 집으로 이끌어 주죠? 여러분이 믿는 것들은 무엇인가요?
4. **정원.** 삶에서 여러분이 잘 키우고 성장시키고 싶은 것은 무엇인가요?
5. **집 안.** 여러분의 삶에 영향을 준 사람들은 누구인가요?
6. **굴뚝.** 여러분의 어떤 부분을 세상에 내보이고 싶나요?
7. **울타리.** 여러분의 집에서 멀리하고 싶은 것들은 무엇인가요?
8. **지붕.** 무엇이 여러분을 안에만 머무르게 하나요? 무엇이 여러분을 제한하나요?

9. **벽돌.** 무엇이 여러분을 하나로 묶어 주나요?

만약 집에 무언가를 추가하고 싶다면 그렇게 해도 좋습니다.

1부를 마쳤다면 여러분이 무엇에 가치를 두는지, 삶에서 유지하고 키워가고 싶은 게 무엇인지, 놓아 주고 싶거나 가까이 하고 싶지 않은 것은 무엇인지에 대해 좋은 아이디어가 많이 떠올랐을 거예요. 여러분에게 정말 중요하지만 많은 시간과 에너지를 쓰지 못하고 있는 몇몇 일들도 알아차렸을 거고요. 예를 들어, 여러분은 밖에서 운동하는 걸 정말 좋아하지만, 운동하는 데 많은 시간을 쓰지 못하고 있다는 걸 깨달았을 거예요. 우리가 바라는 대로 살지 못할 때 좌절한다는 사실은 우리 대부분에게 해당되는 이야기랍니다.

이러한 단절은 우리가 핵심 가치에 따라 사는 것을 방해하는 장애물로 인해 발생하곤 해요. 우리가 바라는 대로 살지 못해 겪게 되는 좌절은 보편적 인간경험의 또 다른 요소이기도 하죠. 우리 모두 삶의 어떤 시기에 공통으로 겪는 일이니까요. 이번 연습의 2부에서는 이러한 외적, 내적 장애물들이 무엇인지 살펴볼 거예요.

2부: 장애물

외적 장애물. 외적 요소는 흔히 우리의 가치에 따라 사는 걸 방해합니다. 예를 들어, 정말로 세계 일주를 하고 싶지만, 세계 일주를 할 돈과 시간이 없을 수 있지요. 또는 정말로 친구들과 어울려 시간을 보내고 싶지만, 친구들과 너무 멀리 떨어져 사는 데다 차나 면허가 없을 수도 있고요. 또는 여러분은 예능 계열로 진학하고 싶지만, 부모님은 그걸 시간 낭비라고 생각하시고 좀 더 학술적인 생물학이나 통계학을 공부해야 한다고 하실 수도 있지요.

• 잠시 시간을 갖고 여러분의 가치에 따라 살아가는 데 방해가 되는 외적 장애물은 무엇인지 한번 생각해 보세요. 이것 또한 글로 적어 봅니다.

내적 장애물. 내적 장애물은 실패에 대한 두려움, 자기 자신에게 가혹하게 대하는 것, 또는 여러분은 행복해질 자격이 없다는 생각 같은 것들이에요. 판타지 소설을 읽는 데 더 많은 시간을 보내고 싶지만, 소셜 미디어를 계속 확인해야 한다는 압박감을 느낄 수도 있지요. 어느 정도 '포모 증후군(FOMO; 자신만 뒤처지거나 소외되는 것 같은 두려움)'을 가지고 있을 수도 있고요. 또는 학교 뮤지컬에 참가하고 싶지만 노래 실력이 좋지 않다고 걱정하고 있을 수도 있겠네요. 또는 데이트 신청을 하고 싶지만, 상대방이 거절할까 봐 너무 두려워해서 결국 아무에게도 요청하지 않을 수도 있고요. 늘 그래 왔을지도 몰라요.

• 잠시 시간을 갖고 여러분이 바라는 대로 살아가는 데 방해가 되는 내적 장애물은 무엇인지 한번 생각해 보세요. 다른 누구도 듣지 않고 있으니, 자기 자신에게 솔직해지길 바랍니다. 그저 여러분과 여러분의 진실한 목소리만 존재합니다. 여러분의 내적 장애물이 무엇인지 적어 보는 시간을 가지세요.

• 어떤 장애물이든 발견했다면, 자신의 가치에 따라 살 수 없다는 것이 힘들다는 사실을 인정하며 여러분 자신에게 몇 마디 친절한 말을 건넬 수 있을까요? 이렇게 말해 볼 수 있어요. "힘들다! 하지만 이 순간이 영원하진 않을 거야. 모든 건 바뀌기 마련이니까." 아마도 여러분은 자신이 남들 하는 대로 하면서 자신의 핵심 가치를 옹호하거나 그 가치에 따라 살고 있지 않다고 자신을 비판해 왔을 수도 있어요. 만약 그렇다면 여러분의 친구에게 말하듯 자신에게 하는 친절한 말 몇 마디를 글로 적어 보세요. "너 자신을 옹호하며 산다는 건 정말 힘든 일이야. 그리고 숙제를 해

야 한다는 걸 알지만 친구들을 거절하는 것도 정말 힘든 일이지."와 같은 말을 적어 볼 수 있습니다. 또는 "모든 애들이 다 이런 경험을 하고 있을 거야! 다른 사람들처럼 해야 한다는 압박을 느끼는 건 자연스러운 거야." "내가 과거에 한 일은 과거일 뿐이고, 지금 내가 그걸 바꿀 수는 없어. 하지만 앞으로는 내가 바라는 대로 살면서 나 자신을 좀 더 편안하게 느낄 수도 있을 거야."라고 적어 볼 수도 있어요.

- 그리고 그 장애물은 그저 여러분이 인간이고, 인간 존재인 우리는 완벽해질 수 없다는 의미일 수도 있어요. 만약 그렇다면 완벽하지 못한 여러분 자신을 용서해 줄 수 있을까요? "그 누구도 완벽하지 않아! 때로는 힘들어도, 내 핵심 가치를 잊고 남들 따라서 해도 정말 괜찮아. 그게 진짜 인간이니까!"라고 여러분 자신에게 말해 줄 수도 있을 거예요.

연습: 나 자신과의 약속

여러분의 핵심 가치에서 멀어져 왔다면 때로는 방향을 다시 잡아 보는 것도 도움이 될 거예요. 어느 날, 한(또는 두세 가지) 소셜 미디어 사이트에 몰두하다 다른 사람과 자신을 비교하는 회오리에 휘말리며 끔찍한 기분을 느끼고 있다고 상상해 보세요. 무엇보다 최악인 건 이걸로 오후를 통째로 날려버렸고, 다른 무언가, 실제로 기분이 나아지게 할 무언가를 할 수도 있었다는 걸 깨달았다는 거죠. 나 자신과 약속을 해 두면 다음번에는 여러분에게 중요한 것이 무엇인지 떠올리고 거기에 따라 살며 순조롭게 자신의 궤도를 유지하는 데 도움이 될 거예요.

- 잠시 시간을 갖고 여러분에게 정말 중요한 핵심 가치 하나를 선택하세요.

"나는 최선을 다해 [핵심 가치]를 하겠다고 약속합니다."라는 식으로 여러분 자신과의 약속을 만들어 보세요. 약속은 규칙이나 계약이 아니라는 걸 기억하시길 바랍니다. 약속이란 여러분의 핵심 가치에 따라 살기 위해 노력하겠다는 선언일 뿐이에요. 우리 인간 모두가 그러하듯이 여러분 또한 약속을 잊어버리거나 약속대로 하지 못하는 날이 있을 거예요. 그런 일이 생기더라도 여러분 자신을 책망할 필요는 없어요. 그저 다시 원래 가려던 방향으로 돌아오면 됩니다.

약속을 기억할 수 있도록 작성하고 나서 어딘가에 올릴 수도 있습니다. 약속이 너무 개인적인 내용이 아니라면, 사진을 찍어서 핸드폰 배경화면으로 해 둘 수도 있습니다. 또는 여러분이 길을 잃었을 때 떠올리기 위해 여러분이 매일 보는 옷장에 붙여 둘 수도 있습니다.

마무리

보편적 인간경험은 우리의 감정적 힘겨움이 유독 나만 겪는 경험이 아닌 인간 존재이며 지구에서 살아가는 삶의 한 부분이라는 사실을 이해하는 것입니다. 우리는 종종 혼자라고 여기고, 특히 우리가 상처 입고 분노하며 좌절감에 사로잡혀 있을 때 고립되었다고 느끼지만, 보편적 인간경험은 그 감정이 바로 인간 존재의 경험이라는 것을 상기시켜 주지요. 감정이 오락가락하거나, 뜻대로 일이 풀리지 않거나, 상황이 더 나빠질 수 없을 것 같이 힘들게 느껴지는 순간 모두 우리가 인간이기에 경험하는 거랍니다. 이러한 도전이 우리의 결함이 아니라, 그저 우리가 살아 있는 인간이라는 것의 한 부분이라는 걸 안다면 어느 정도 아픔을 가라앉히는 데 도움이 될 거예요.

핵심 가치, 그리고 우리가 핵심 가치에서 벗어날 때 마주하는 힘겨움을 보편적 인간경험의 예로 들 수 있습니다. 삶의 장애물이 우리가 핵심 가치에 따라 사는 것을 가로막을 때마다 우리는 모두 힘겹게 애쓰게 되지요. 바로 그 순간에 우리는 자기 자신을 친절하게 대하는 문을 열 수 있답니다. 다음 장이 이 방법을 알려 줄 거예요.

자기친절, 좋은 친구를 대하듯
나 자신을 대하기

카이(Kai)는 점심 급식을 들고 학교 식당을 둘러보며 앉을 자리를 찾습니다. 아, 카이가 첫눈에 반했던 귀여운 여학생이 저기 있네요. 친구들과 수다를 떨고 있는 것 같은데…… 옆자리가 비었네요!

숨을 크게 들이쉬고 할 수 있는 한 자신감을 힘껏 끌어모은 다음, 카이는 당당하게(최소한 그렇게 보이게) 걸어가서 그 아이의 옆에 앉습니다.

아이는 대화를 잠시 멈추고 카이를 올려다보고, 카이는 아이를 향해 미소 짓고, 그러자 그 아이가 말합니다. "여기 자리 맡아 둔 건데."

카이는 미안하다고 우물거리고, 어색하게 식판을 챙겨서 다른 자리로 향합니다. 내면의 비판이 카이의 귀에다 비명을 지르네요.

완전히 망했어! 게다가 다른 애들도 다 봤잖아! 참나, 네가 뭐라도 되는 줄 안 거야? 걔는 이 학교에서 아무나 고를 수 있는 아이인데, 너를 옆자리에 앉히고 싶겠어? 한심하기는! 태연한 표정을 얼굴에 장착하고는 있지만, 내면의 비판이 가혹한 공격을 멈추지 않으니, 카이의 마음은 점점 가슴 깊이 침울하게 가라앉네요.

어떻게 하면 좋을까요? 카이는 내면의 부정적인 목소리를 사라지게 하거나 나아지게 하고 싶고, 거기에 더해 자기 자신도 사라져 버리고 싶다고 생각합니다. 하지만 카이는 그렇게 하는 대신 마음챙김 기술을 떠올립니다. 신발 속 발바닥의 감각을 느끼고, 운동화와 맞닿은 식당 바닥의 딱딱함을 느껴 봅니다. 숨을 들이쉬며 호흡이 자신의 콧구멍으로 흘러 들어가 폐를 채우는 것을 느껴 봅니다. 폐가 부풀어 오르는 것을 느꼈다가 놓아 주고, 어깨와 가슴을 이완하며 숨을 내쉽니다. 호흡과 함께 머무르는 거야, 라고 자신에게 말하며 한 번에 한 호흡씩 숨을 쉽니다.

이렇게 마음챙김 기술을 계속 사용하자 카이의 마음속 무대 중심에는 호흡과 몸의 감각이 자리하고, 자기비판은 배경으로 사라집니다.

무슨 일이 일어난 걸까요? 자, 간단히 말하자면 카이는 비록 상처받았지만, 마음챙김으로 머무르며 자신에게 필요한 것을 스스로 주면서 자신을 돌본 거예요. 카이는 신체 감각을 통해 바로 지금 이 순간에 실제로 존재하는 것에 집중하면서 마음을 질주하는 '이야기'를 놓아 줄 수 있었어요. 자신을 멍청하다고 말하는 그 목소리를 말이죠. 최종적으로 카이는 덜 당황해하고, 덜 불안해하며, 지지받

고 있다는 느낌을 받았답니다.

카이가 목소리를 차단하지도 않고, 손가락으로 귀를 틀어막고 "아, 아, 안 들린다!"라고 소리치지 않았다는 걸 알아차려 보세요. 왜 그렇게 하지 않았을까요? 왜 이 짜증스러운 목소리를 쫓아 보내거나 우리를 내버려 두라고 말하는 게 효과가 없는 걸까요?

이유는 바로 이거예요. 내면의 비판이 우리의 일부이기 때문이죠. 내면의 비판은 우리의 안전을 지키고 우리를 보호하기 위해 여기에 있으니까요. 점심시간에 내면의 비판이 카이에게 소리를 질렀을 때, 내면의 비판은 카이가 상처받지 않게 보호하기 위해(최선의 방법은 아니지만) 말하려 했던 거예요. 내면의 비판은 우리가 가능한 한 최상의 상태로 지내기를 원하지만, 그걸 말하는 방식은 약간 거칠고 가차 없거든요. 그리고 우리 자신의 진실한 목소리를 들리지 않게 만들어 버리기도 하지요.

내면의 비판 다루기

그렇다면 내면의 비판이 여러분에게 계속 주절거릴 때 무엇을 할 수 있을까요? 실제로 효과가 있는 방법을 알려 드릴게요.

우선 여러분 마음속 내면의 비판을 한번 그려 보세요. 어떤 모습인가요? 무슨 옷을 입고 있나요? 걸음걸이는 어떤가요? 어떤 목소리를 가지고 있나요? 얼굴은 어떤 특징을 가지고 있나요? 여러분 내면의 비판에 대한 명확한 마음속 이미지를 그려내어 보세요. 이름을 붙이는 것도 도움이 됩니다.

그런 다음 여기저기 소파와 의자가 놓여 있는 작은 병원 대기실 같은 공간을 머릿속에 떠올려 보세요. 내면의 비판을 이 방으로, 원한다면 이름을 불러 초대하고, 자리를 권해 봅니다. 이제 내면의 비판에게 당신이 오랜 시간 동안 나를 보호하려 애써왔다는 걸 이해하고 그 노력에 감사하지만, 더는 당신의 이야기를 듣지는 않을 거라고 설명해 주세요. 내면의 비판은 자신이 원하는 만큼 여러분에게 말할 수는 있지만, 여러분은 그 말을 듣거나 내면의 비판이 내리는 명령을 따를 필요가 없습니다.

제 내면의 비판은 '마샤(Marsha)'라는 이름을 가지고 있어요. 예전에 드라마에 나왔던 안하무인 캐릭터 마샤를 떠올리게 했기 때문이죠. 그래서 저는 이런 식으로 말해요. "안녕 마샤, 들어와요! 여기 앉아요. 당신은 여기 앉아서 시간을 보낼 수는 있지만, 내가 마샤 말을 들어야 하는 건 아니에요." 그러고는 미소를 지으며 그 방을 나갑니다.

내면의 비판은 우리에게 대개 아무런 해도 끼치지 않고, 정말로 그저 우리를 보호하려 하기에 우리는 내면의 비판을 안으로 들여보냅니다. 카이의 경우에도 내면의 비판이 카이가 다시는 당황스러워하지 않도록 보호하려 한 것이었지요. 내면의 비판이 없다면 카이는 아마 자신이 환영받지 못하는 상황에 계속 끼어들려 할 테고, 그럴 때마다 당황스러워하며 실제로 자신을 소모하게 될지도 몰라요. 그래요, 내면의 비판은 때로는 도를 넘기도 하고 약간 심술궂기도 하죠. 과해지면 여러분을 불안하게 하거나 우울하게 하기도 하고요. 하지만 여기에는 비밀이 있어요. 마샤는 자기가 하고픈 어떤 말이든 주절거릴 수 있어요. 저는 마샤에게 주의를 기울일 필요가 없고요. 마샤는 그저 제 머릿속 목소리이고, 저에 대한 진실을 이야기하는 건 아니거든요. 우리가 무언가를 생각한다고 해서 그게 진실이라는 의미는 아니에요. 일반적인 믿음과는 반대로, 우리의 생각은 사실이 아니랍니다.

한 명상 지도자 선생님의 말씀처럼 생각은 현실에서 일어나는 일과는 거의 또는 전혀 무관한 그저 '우리 뇌의 분비물'일 뿐이에요 (옥). 따라서 우리의 생각, 예를 들어 우리 내면의 비판하는 목소리는 깊숙한 그 어딘가에 진실의 알맹이가 박혀 있을 수도 있지만, 단언컨대 내면의 비판이 온전한 진실을 이야기하는 건 아니에요.

우리를 상처 입히는 것들로부터 공간 두기

자기친절은 여러분에게 상처를 입히는 내면의 비판 같은 것들로부터 거리를 두게 해 줍니다. 자기친절이란 여러분 자신을 옹호할 수 있을 만큼 충분히 용감하며, 자기 자신을 충분히 존중하는 것을 의미해요. 이는 여러분 내면의 목소리를 언제나 듣지 않는다는 것을 의미하기도 하고, 여러분의 감정을 상하게 하는 친구를 놓아 버리거나, 여러분을 두렵게 만드는 영화를 보지 않거나, 여러분의 기분을 나쁘게 하는 소셜 미디어에 주의를 기울이지 않는다는 것을 의미하기도 해요(어떤 경우에는 소셜 미디어를 완전히 놓아 버리는 것을 의미할 수도 있어요). 아울러 여러분이 부당한 대우를 받고 있다고 느낄 때, 사람들에게 맞서거나 여러분 자신을 옹호하는 것을 의미할 수도 있지요. 간단히 말해서 자기친절은 여러분이 마땅히 받아야 할 존경과 친절로 자기 자신을 대하는 거예요.

자기친절은 여러분에게 바람직한 삶의 변화를 만드는 한 가지 방법이므로, 여러분이 바라는 모습으로 성장하는 데에도 도움이 될 거예요. 다음은 자기 자신에게 조금 더 친절해지는 방법을 배우는 데 도움이 되는 연습으로, MSC 안내 명상에서 영감을 받아 만들었답니다.

연습: 내면의 비판, 그리고 또 다른 누군가와 만나는 장면 상상하기

연습 녹음 파일을 http://www.newharbinger.com/45274에서 내려받을 수 있습니다.

먼저 앉거나 누워서 편안한 자세를 취합니다. 몇 차례 깊고 편안한 호흡을 하면서 숨을 내쉴 때마다 조금씩 자신을 내려놓고, 여러분의 몸이 의자 또는 바닥으로 더 깊이 가라앉게 합니다.

여러분 마음속에 아주 안전하다고 느껴지는 방을 만들어 봅니다. 여러분이 좋아하는 무엇이든, 편안한 의자, 쿠션과 베개, 시합 우승 트로피, 즐겨 읽는 책, 또는 여러분의 방에 있는 무엇이든 가져와서 방을 꾸밀 수 있습니다. 이 방에서는 여러분이 원하는 대로 휴식을 취할 수 있습니다. 빈백 위에서 뒹굴거릴 수도 있고, 침대에 앉아 있을 수도 있고, 소파에 느긋하게 기댈 수도 있습니다. 이 방에 있는 모든 것들은 여러분을 편안하고 느긋하게 만듭니다. 그곳에서 여러분이 좋아하는 모든 것들과 함께, 안전하고 보호받는다고 느끼며 따뜻하고 안락하게 그저 즐기는 시간을 잠시 가져 봅니다.

　이제 누군가가 방문을 두드리는 소리를 상상해 봅니다. 여러분은 내면의 비판이 문 반대편에 서 있는 것을 알게 됩니다. 내면의 비판은 다만 여러분을 보호하기 위해 여기에 왔다는 걸 알기에, 문고리에 손을 뻗어 내면의 비판을 방안으로 들어오게 합니다. 문턱을 넘자마자 내면의 비판은 조금 움츠러들고, 조금 작아지고 약해집니다. 갑자기 팔도 쪼그라들고, 근육이 있던 자리엔 거죽만 남았다는 것도 알아차립니다. 여러분은 내면의 비판에게 연민을 느낍니다. 그 오랜 시간 여러분과 함께 해 왔고, 비록 가끔은 여러분에게 꽤 상처를 주었지만 좋은 의미에서 그랬다는 것을 알기 때문입니다. 그래서 여러분은 내면의 비판에게 자리를 권하고, 내면의 비판은 의자에 단정하게 앉습니다.

　여러분이 자리에 앉기도 전에, 다시 문을 두드리는 소리가 들립니다. 여러분은 문으로 다가가 문고리를 잡으며 이번엔 또 누구일지 궁금해합니다. 문을 열자 이번에는 어렴풋이 낯익은 손님이 보입니다. 얼굴을 알아볼 수는 있지만 어디에서 봤는지 기억나진 않습니다. 손님을 들어오게 하면서 여러분은 이 사람에게서 물씬 풍기는 친절함에 깊은 감동을 받습니다. 이 신비한 손님이 문턱을 넘자. 여러분은 그 즉시 방 안이 넘쳐흐르는 사랑으로 가득 차는 것을 느낍니다. 여러분은 온전히 받아들여진다고 느끼며, 이 사람이 믿을 수 없을 정도로 여러분을 잘 알고 있다는 것을 알게 됩니다. 여러분 내면의 비판처럼 이 사람도 여러분을 항상 알고 있었을 겁니다.

　이 신비한 손님은 정말 친절하고 다정해서, 여러분 내면의 비판 옆에 앉아 그 팔에 다정히 손을 얹습니다. 이 손길에 내면의 비판은 녹아내리는 것 같아 보입니다. 잠깐 서로 눈이 마주치자 내면의 비판은 미소를 지으며 조금 긴장을 푸는 듯합니다. 그러고 나서 이 신비한 손님은 여러분에게 몸을 돌리는데.

지금 이 순간 여러분에게 필요한 것이 무엇인지 정확히 알고 있는 것 같아 보입니다. 여러분은 그저 거기에 서 있기만 하면 마치 마술처럼 그 말을 귓가에서 듣게 됩니다. 여러분이 그토록 듣고 싶어 하고, 너무나도 들어야 하는, 그리고 아마도 오랜 시간 들어야 할 필요가 있던 말입니다.

그 말은 아마도 "당신은 사랑받고 있어요." "당신은 있는 그대로 완벽해요." "걱정 말아요, 모든 게 다 잘 될 거예요."와 같은 말일 것입니다. 어떤 말이든 그 말은 여태껏 여러분이 받은 것 중 최고의 선물입니다. 여러분 자신, 그리고 지금 이 순간 여러분 자신이 사는 삶의 방식에서 완전한 평화를 느끼게 해 주기 때문입니다.

준비가 되면 여러분이 하고픈 방식으로 손님들에게 작별인사를 건넵니다. 원한다면 언제든 다시 부를 수 있다는 것을 알기에, 여러분은 미소를 지으며 그들을 배웅합니다. 어느 정도 약해지긴 했지만, 여러분이 선을 넘을 때 안내해 줄 정도로는 여전히 강력한 내면의 비판을 부르고 싶어질지도 모를 일입니다. 또는 우리 모두가 때때로 필요로 하는 약간의 사랑과 지지의 말이 필요할 때는 신비한 존재를 불러내고 싶을 수도 있습니다.

의자에 앉아 휴식을 취하는 동안, 여러분이 좋아하는 모든 것으로 채워진 방을 둘러보며 내면의 비판과 신비한 존재와의 만남을 생각하다…… 그 때 알게 됩니다. 그 신비한 존재는 자신의 진실한 목소리였다는 것을! 여러분과 비슷하게 생기고 여러분처럼 느껴져서 낯익어 보였지만, 어쩐지 여러분과는 조금 다르게 만족스럽고 편안해 보였습니다. 그 존재는 여러분을 온전히 사랑하며, 여러분을 돕고, 지지하고, 여러분이 들어야 할 다정한 말을 해 주기 위해 존재하는 여러분 내면의 목소리입니다. 자기친절의 목소리지요. 오랜 시간 너무나 많은 다른 목소리에 가려져 여러분이 잘 듣지 못했을 뿐이에요.

하지만 이제는 그저 여러분이 안전하다고 느끼는 마음의 방으로 돌아가서 자신의 진실한 목소리를 들어오게만 하면 된다는 것을 여러분은 깨달았습니다. 그리고 이제는 그 존재의 이름을 지어 줄 수도 있습니다.

우리 자신의 진실한 목소리로 수행하기

우리 모두는 우리를 사랑하는 내면의 친절한 목소리를 가지고 있습니다. 하지만 우리 대부분은 내면의 비판에 오랫동안 자리를 넘겨주었기 때문에, 우리 자신의 진실한 목소리를 듣는 걸 어려워하곤 하지요. 그래서 수행이 필요한 거예요.

우리의 진실한 목소리를 듣는 방법 중 한 가지는 자애 수행입니다. 원래 팔리어로는 '메따(metta)' 수행이라고 불러요. 바바라 프레드릭슨(Barbara Fredrickson) 박사님을 비롯한 노스캐롤라이나 대학교 연구팀에서는 자애 수행이 행복과 같은 긍정적 감정을 촉진하여 우울증을 감소시키고 삶의 만족도를 높인다는 것을 발견했을 뿐만 아니라, 자애 수행을 하면 할수록 기분이 나아진다는 것도 확인했답니다(Fredrickson, 2008; Fredrickson et al., 2017).

자애 수행은 공식 안내 명상이므로, 하루에 5분에서 10분 정도 시간을 내어 수행하는 것이 좋습니다. 이렇게 하면 자애 수행을 습관으로 들일 수 있고, 한번 습관을 들이고 나면 기억해 내기도 훨씬 쉬울 거예요.

명상: 좋아하는 사람을 위한 자애

명상 녹음 파일을 http://www.newharbinger.com/45274에서 내려받을 수 있습니다.

• 편안한 자세를 취한 다음 몇 차례 깊게 호흡하며 몸의 긴장을 풀고 (눈을 감는 것이 여러분에게 편안하다면) 눈을 감습니다.

• 이제 여러분을 미소 짓게 하는 사람, 즉 원만한 관계를 유지하고 있는 사람의 이미지를 떠올려 보세요. 할아버지나 할머니, 친구, 또는 키우는 강아지나 고양이일 수도 있습니다. 이제 이 존재를 위해 몇 가지 친절한 소원을 반복해 보겠습니다. 여러분의 진실한 목소리가 여러분에게 하는 말일 수도 있고, 또는 다른 말이 있을 수도 있습니다. 다음은 반복해 볼 수 있는 몇 가지 소원입니다.

당신이 사랑받고 있다고 느끼기를.

당신이 행복하기를.

당신이 안전하고 보호받는다고 느끼기를.

• 잠시 시간을 갖고 이 사람을 위해 이 문구들을 반복해 봅니다. 소리 내어 반복해도 좋고, 마음속으로 조용히 반복해도 좋습니다. 문구를 반복하며 문구 이면에 담긴 의미를 생각해 보세요.

• 이제 여러분을 미소 짓게 하는 이 존재와 함께하는 여러분의 이미지를 떠올려 보세요. 이번에는 둘 모두를 위해 문구를 반복해 봅니다. 다른 문구를 반복해 볼 수도 있고, 방금 사용했던 문구를 계속 써도 좋습니다.

우리 둘 모두 사랑받고 있다고 느끼기를.

우리 둘 모두 행복하기를.

우리 둘 모두 안전하고 보호받는다고 느끼기를.

- 이제 상대방의 이미지는 내려놓고, 여러분 자신의 이미지만 마음속에 남겨 둡니다. 다시 한번 이 문구들을 천천히 반복해 보며, 단순한 문구가 아닌 문구 이면에 담긴 의미와 공명해 보세요.

내가 사랑받고 있다고 느끼기를.

내가 행복하기를.

내가 안전하고 보호받는다고 느끼기를.

- 여러분과 가장 공명하는 문구를 조용히 반복해서 되뇌어 보세요. 적어도 5분 정도 시간을 갖고 해 보길 바랍니다. 만약 여러분의 마음이 방황한다면, 그것이 마음이 하는 일이기 때문입니다. 그것으로 여러분 자신을 판단하지 말고, 그저 단순히 알아차린 다음 문구로 돌아옵니다.

 연습: 나만의 문구 발견하기

우리 중 누군가에게는 '사랑받기를' '행복하기를' '안전하고 보호받기를'과 같은 문구들이 다른 사람들처럼 와 닿지는 않을 수도 있어요. 다양한 문구나 단어를 자유롭게 시도해 보길 바라요. 다음은 몇 가지 참고할 만한 점들입니다.

- 소원은 단순하고, 진실하며, 친절해야 합니다. 너무 많이 생각하려 하지 마세요. 나 자신에게 효과가 있는 문구를 발견하는 좋은 방법은 자기 자신에게 "나에게는 무엇이 필요하지?" "지금 이 순간 내가 어떤 말을 들

어야 할까?"라고 물어보는 거예요. 이 질문에 대한 답이 무엇인지 살펴
보고, 문구로 만들어 보세요.

- 여러분이 들었을 때 "맞아! 이게 내가 꼭 들어야 할 말이었어!"라는 대답
  이 저절로 나오는 말이 여러분에게 가장 알맞은 말일 거예요.

- 소원은 전반적인 바람을 담고 있는 내용이 가장 좋습니다. 예를 들어 보
  자면, "내가 ○○대학교에 입학하기를"보다는 "내가 성공하기를"이라고
  말하는 것이 더 낫습니다.

- 문구를 말해 보았을 때 마음에서 논쟁이 일어나는지 꼭 확인하세요. 예를
  들어, "내가 행복하기를"이라고 말했을 때, 내면의 목소리가 "네가 뭔데?
  너는 행복할 자격이 없어!"라고 말한다면 문구를 수정하는 것이 좋습니
  다. "언젠가는 내가 행복해지는 데 마음을 열기를"이나 "내가 언젠가는
  행복하기를" 같은 식으로 바꿔 말해 볼 수 있습니다.

이 연습은 우리가 매일 시간을 할애하여 진행해야 하는 공식 수
행이에요. 하지만 앞서 살펴보았던 학교 식당에서의 상황처럼 어
떤 상황이 발생하는 그 순간에 약간의 친절이 필요할 때도 있지요.
어느 때에는 친절해지는 연습이나, 방황하는 마음에 집중하기 위
해 세 차례 마음챙김 호흡을 할 시간마저 없을 수도 있고요. 이처럼
즉석에서 위로가 필요할 때는 일상 수행을 해 볼 수 있답니다.

여러분이 해 볼 수 있는 다음 연습은 제가 가장 좋아하는 연습 중
하나이기도 해요. 위로의 손길은 우리 몸의 생물학적 반응을 활성
화시키며 효과를 낸답니다. '기분 좋은' 호르몬이라고 불리는 옥시

토신을 방출하게 해 주거든요. 엄마가 아기의 뺨을 쓰다듬을 때, 여러분의 반려동물을 쓰다듬을 때 분비되는 호르몬이 바로 옥시토신이랍니다.

 ## 연습: 위로의 손길

연습 녹음 파일을 http://www.newharbinger.com/45274에서 내려받을 수 있습니다.

사람마다 위로와 진정이 되는 방법이 다르므로, 위로의 손길을 경험해 볼 수 있는 다양한 방식을 준비해 두었습니다. 여러분에게 가장 잘 맞는 방법을 발견해 보세요. 외부 세계에 주의가 흐트러지지 않게 하면서 실제 신체 감각을 알아차려 볼 수 있도록, 가능하다면 눈을 감고 해 보길 바라요. 손길마다 몇 분 정도 시간을 두고, 천천히 이동하면서 각 손길이 어떻게 느껴지는지 진정으로 느껴 봅니다.

- 한 손을 가슴 위에 올려놓습니다. 가슴에 얹은 손바닥의 감각을 알아차려 봅니다.

- 이번에는 두 손을 포개어 가슴 위에 올려놓습니다. 두 손 모두 가슴 위에 머무르는 느낌이 어떤지 알아차려 봅니다.

- 한 손으로 주먹을 쥐어 가슴 위에 올려놓습니다. 다른 손으로 주먹 쥔 손을 감싸 볼 수도 있습니다.

- 두 손을 포개어 무릎에 올려놓고, 한 손으로 다른 손을 쓰다듬어 봅니다. (이것은 아무도 모르게 해 볼 수 있으므로 '손쉬운' 손길로 불린답니다.)

- 두 팔을 교차해서 자신의 몸을 살짝 안아 봅니다. (이 손길도 아무도 모르게 해 볼 수 있지요.)

- 한쪽 팔을 다른 손으로 부드럽게 쓰다듬어 봅니다.

- 양손으로 두 뺨을 부드럽게 감싸 봅니다.

- 양손으로 이마, 볼, 턱 등 얼굴 전체를 아주 부드럽게 두드려 봅니다.

- 느슨하게 양 주먹을 쥐고 부드럽게 가슴을 두드려 봅니다.

- 한 손을 등 쪽으로 뻗어 등을 토닥여 봅니다.

모쪼록 여러분의 기분을 나아지게 하고, 조금은 차분하게 만들어 주고, 중심을 잡아 주게 하는 손길 한두 가지를 발견했길 바라요. 다음에 스트레스를 받는 일이 생기거나, 내면의 비판이 여러분을 심하게 두들겨 대서 곧장 위로가 필요한 순간이 오거든 이 위로의 손길로 자신을 지지해 보세요.

내가 이미 실천하고 있는 자기친절 행동

자신에게 친절할 수 있는 다른 방법도 많지요. 그중 일부는 여러분 자신도 모르게 이미 하고 있을 수도 있고요. 때로는 자기 자신에게 친절했기 때문에 이렇게 오래 버틸 수 있었을 거예요. 다음은 기분이 가라앉을 때 여러분이 해 보았을 활동들이랍니다.

- 영화 감상하기
- 친구와 대화하기
- 좋은 책 읽기
- 반려동물과 놀기
- 달리기하러 가기
- 운동하기
- 낮잠 자기
- 긴장을 풀어 주는 목욕하기
- 비디오 게임을 하기
- 음악 틀어놓고 춤추기
- 친구에게 문자 보내기

시간을 내어 이런 활동을 했다면 자기 자신을 칭찬해 주세요. 이기적인 게 아니라, 그저 여러분 자신을 돌보았던 것이니까요. 제 딸아이가 어렸을 때, 속상한 일이 생기자 반려 기니피그(이름이 '오레오'였어요)를 들고 자기 방에 가서는 무릎에 오레오를 올려놓고 쓰다듬으며 울고 있던 모습이 떠오르네요. 그때 아이는 몰랐겠지만, 오레오를 쓰다듬는 행동을 통해 자신을 위로하고 진정시키는 화학물질을 방출시켰을 테지요.

여러분이 이미 실천 중인 긴장을 푸는 다른 방법으로는 음악 듣기가 있어요. 다음은 여러분이 힘겨울 때 음악이 어떻게 도움이 될 수 있는지 보여 주는 연습이에요. 음악을 켜면 내면의 비판하는 목소리의 크기를 줄일 수 있답니다.

연습: 음악 명상

　　가사가 없는 음악을 선택합니다. 이번 연습에서는 악기를 사용하여 연주하는 곡만 선택하도록 합니다. 우리가 진정으로 하려는 것은 음악을 느껴 보는 것인데, 말(가사)이 들어가면 우리가 생각을 시작해 버리기 때문입니다. 그리고 진정이 되는 음악을 선택하도록 합니다. 일렉트로닉 음악을 틀어놓고 춤을 추는 것도 재미있지만, 이 연습에서는 편안한 음악이 가장 효과가 클 것입니다.

　　음악 명상에 대한 안내는 단 한 가지뿐이지만, 굉장히 중요한 내용입니다. 바로 그저 음악에 주의를 기울이는 것입니다. 음악을 듣는 것 외에는 아무것도 하지 않습니다. 숙제도, 집안일도, 문자도, 통화도, 컴퓨터도 하지 않습니다……. 그저 듣기만 합니다.

　　음악을 듣다 보면 어느 시점에 여러분이 다가오는 모임, 숙제, 또는 다른 무언가를 생각하고 있다는 것을 알아차리게 될 거예요. 지극히 정상입니다! 이런 일이 생기면 그저 주의를 단순히 음악에 다시 집중하며 음악을 듣습니다.

　　이게 다예요! 아주 쉽죠? 음악을 듣는 게 명상이라고 생각해 본 적은 없었죠? 게다가 이 연습은 여러분이 원하는 만큼 5분, 10분, 1시간씩 해 볼 수 있답니다.

마무리

지구상의 모든 인간은 친절한 대우를 받을 자격이 있습니다. 우리가 좋은 친구에게 친절히 대하듯, 우리 자신에게도 친절하게 대할 수 있지요. 그저 우리 대부분이 연습하지 않고 있을 뿐이에요. 더 많이 연습할수록 우리 자신에게 친절해지는 게 더 쉬워지고, 잔소리하던 내면의 비판이 잠잠해지며 우리 자신의 진실한 목소리가 들리게 될 거예요. 인간으로 존재한다는 것은 삶에서 힘겨운 순간을 맞닥뜨리게 된다는 것이기에, 그러한 순간이 닥쳤을 때 우리 자신에게 친절할 수 있는 몇 가지 도구를 챙겨둔다면 좋겠지요. 다음 장에서는 힘겨운 순간들의 틈바구니 속에서도 순수한 기쁨의 순간을 발견하는 데 도움이 될 정말 간단한 방법에 관해서 이야기해 볼 거예요.

소소한 것들에서
경이로움 발견하기

때로는 우리를 행복하게 하는 작은 것들을 알아차리기 어렵습니다. 힘겨운 일들이 매일 우리 코앞에 놓여 있으니까요. 시험을 망쳤다거나, 좋아하는 사람에게 바보 같은 말을 했다거나, 축구 시합에서 공을 이상하게 패스했다거나 하는 일들 말이죠. 우리는 온종일 일어나는 짜증스러운 일들은 매우 잘 알고 있지요.

그런데 어쩐지 일상 속에서 기쁨이나 경이로움을 발견하는 건 놓치게 되곤 해요. 왜 그런 걸까요? 아마 여러분의 삶에서 즐거운 일이 없어서라고 생각할지도 모르겠지만, 제가 여러분의 삶을 알지는 못해도 그건 아니라고 확신하게 말할 수 있어요. 여러분이 처한 현재 상황이 아무리 힘겹더라도(그리고 여러분이 매우 힘겨운 일들을 다루고 있을 거라 확신하지만), 즐거운 일들은 언제든 찾아낼 수 있어요. 여러분이 놀랍고 신기하게 여길 일들은 매일 있거든요. 경이로움과 기쁨은 어디에나 존재하니까요. 그저 여러분이 그것을 바라보는 습관을 들이기만 하면 된답니다.

경이로움과 부적 편향

아마도 혼잣말로 "선생님이 말하는 '경이로움'이라는 게 무슨 뜻이지?"라고 하고 있을지도 모르겠네요. 제가 말하는 경이로움이란 우리 삶에 때로는 작게, 또 때로는 크게 우리에게 기쁨을 가져다줄 잠재력이 있는 것들을 일컫는 말이에요. 우리 마음을 가볍고 밝게 해 주고, 아주 잠시라도 우리를 미소 짓게 하는 것들이죠. 우리는 이따금 그런 것들을 알아차리지만, 대부분의 시간에는 그러지 못해요.

왜 우리는 삶에서 형편없는 것들은 전부 보면서 좋은 것들은 모두 놓치게 되곤 하는 걸까요? 너무 불공평해 보이는데 말이죠! 자, 이건 '부적 편향'이라고 불리는 현상 때문이에요. 우리가 삶에서 좋은 것들이 아니라 나쁜 것들을 알아차리도록 생물학적으로 프로그래밍이 되어 있다는 사실을 가리키는 용어랍니다. 그래서 이건 우리 문제도 아니고, 우리가 잘못하고 있는 것도 아니에요.

이 현상은 진화로 설명해 볼 수 있어요. 아주 오래전 우리가 광야에서 수렵과 채집을 하면서 살아갈 때, 우리는 육식 동물 같이 우리를 해칠 수 있는 모든 것들을 경계해야 했어요. 위협이 되는 것들이 어디에 있고 무엇을 하고 있는지 계속 알고 있어야 그것들이 우리를 공격할 때 우리 자신을 보호할 수 있으니까요. 우리에게 해를 끼칠 수 있는 것들에 주의를 기울이게 하는 것은 우리를 살아남게 했고 우리 종족이 생존할 수 있게 해 주었지요. 만약 우리가 위협적인 것들을 경계하는 대신 사바나에 피는 꽃과 일몰 같은 주변의 아름다움을 감상하며 어슬렁거렸다면 멧돼지나 다른 포식자들에게 잡아먹혔을 거예요.

오늘날에도 우리는 여전히 이러한 생물학적 반응을 우리의 일부로 지니고 있지요. 우리에게 기쁨을 주는 것보다 우리를 해칠 가능성이 있는 것들을 더욱 쉽게 알아차리니까요. 심리학자이자 연구자인 바바라 프레드릭슨(Barbara Fredrickson) 교수님은 여기에 대해 "부정적인 것들은 우리에게 비명을 지르지만, 긍정적인 것들은 속삭일 뿐이다."라고 말씀하시기도 했지요. 그렇다면 긍정적인 것들, 즉 우리를 기쁘게 하는 것들을 더 잘 알아차리도록 변화하려면 어떻게 해야 할까요?

먼저 삶에서 좋은 점들을 알아차리는 연습을 해 나가야 해요. 일단 시작하고 나면 그렇게 어렵지는 않을 거예요. 우리 주변에는 항상 좋은 것들이 존재하니까요.

경이로움을 발견하는 방법

📧 로버트의 이야기

로버트(Robert)는 도심의 엘리베이터가 없는 4층짜리 건물에 살고 있다. 즉, 할머니와 여동생과 함께 사는 작은 아파트에 들어가려면 계단 네 층을 올라가야 한다. 건물은 낡았고, 군데군데 새 페인트칠이 필요한 데다 가구는 오랫동안 교체된 적이 없다. 학교를 마치면 할머니가 편의점에서 일하시는 동안 동생을 돌보는 것은 로버트의 몫이다.

로버트는 대체로 괜찮은 학생이지만, ADHD(주의력결핍 과잉행동장애)가 있어 꽤 많은 어려움을 겪곤 한다. 최근에는 학교에서 상당히 기가 죽는 일이 있었다. 로버트가 아무 생각 없이 볼펜으로 책상을 두드리거나 손을 들지 않고 네 번이나 대답을 내뱉은 것에 주변 아이들이 짜증을 낸 것이다.

하지만 로버트는 자신의 기분을 나아지게 하는 주변의 것들을 알아차리는 습관을 들였기 때문에 자신의 어려움에 심하게 의기소침해지지는 않는다.

방과 후 여동생과 함께 식탁에 앉아 동생의 숙제를 도와줄 때면 로버트는 몇 가지를 알아차리곤 한다. 바깥이 더우면 창문을 열어 시원한 바람이 들어오는 것을 느낄 수 있다. 아파트가 미지근해서 바람이 피부에 닿는 느낌이 정말 좋다. 건물 옆 놀이터에서 아이들이 노는 소리도 들을 수 있다. 아이들이 신나게 논다는 것을 알 수 있어서 그 소리를 듣는 로버트도 덩달아 미소가 지어진다. 그리고 여동생이 자신을 마치 모든 답을 알고 있는 신 같은 존재처럼 우러러보는 것도 로버트의 기분을 좋아지게 한다.

자신과 여동생을 위해 저녁 준비를 시작할 때 프라이팬에서 튀겨지는 버거 냄새는 천국이다. 길 구석에서 돈을 구걸하던 사람은 먹을 것이 확실히 없어 보였고, 학교에 다니는 아이들 상당수의 집에 먹을 음식이 충분치 않다는 걸 알기에 로버트는 먹을 음식이 있어서 운이 좋다는 걸 다시 한번 떠올린다.

물론 로버트가 원한다면 수업 시간에 갑자기 말하는 것을 제어할 수 없는데도 아이들이 자신에게 짜증을 내는 사실에 속상해할 수도 있었을 것이다. 그리고 때로는 그 점이 속상하기도 하다. 하지만 주위의 좋은 것들을 알아차리면 기분이 정말 좋아지고 기쁨이 찾아든다.

그러니 여러분이 어디에 있든, 누구이든, 여러분에게 순간의 행복을 가져다줄 수 있는 무언가는 항상 존재한답니다. 이러한 것들을 찾아내는 연습에 익숙해지는 데 시간이 좀 걸리긴 하겠지만, 일단 습관이 되고 나면 여러분이 발견하는 것들에 놀라게 될 거라 장담해요.

다음은 이 습관을 만들 수 있는 몇 가지 연습들입니다.

연습: 경이로움 수행하기

1단계: 마음챙김을 합니다. 주변의 모든 것을 알아차리며 특히 신체 감각에 주의를 기울여 봅니다. 빛이 방 어딘가를 어떻게 비추는지, 맨발이 부드러운 카펫에 닿는 느낌이 어떤지 알아차려 봅니다. 인생을 바꾸는 거대한 순간일 필요가 없습니다. 사실, 그런 순간이 아닌 게 더 좋습니다.

2단계: 이제 약간의 시간을 보내 봅니다. 즐겨 보세요. 신체 감각을 정말로 느껴 보고, 그 경험에 흠뻑 젖어 들어 봅니다. 마음이 생각을 만들어 내기 시작하면(그게 마음이 하는 일이란 걸 기억하세요), 그저 알아차리고 단순히 떠내려가도록 내버려 둡니다. 생각을 붙잡으려 들지 않고 마치 바깥에 서서 바라보듯이 바라본다면 생각들은 떠내려가게 됩니다. 그런 다음 바로 지금 여기의 삶에서 일어나는 멋진 것들을 즐기러 돌아옵니다. 그 경험이 자신을 씻어내게 합니다. 원하는 만큼 시간을 가져 봅니다. 5분 정도, 또는 그 이상일 수도 있습니다.

3단계: 이제 지금 이 순간 주위에 즐길 만한 다른 것들이 있는지 살펴봅니다. 선반에 놓여 있는 어린 시절의 추억이 될 수도 있습니다. 그것이 거기 가만히 앉아서 자기 일을 하고 있는 것을 알아차려 봅니다. 그 추억이 불러일으키는 느낌을 알아차려 볼 수도 있습니다. 아마도 어린 시절 즐거웠던 기억 같은 것들이 떠오를 것입니다. 마음을 열고 그 느낌을 느껴 봅니다. 느낌이 거기에 머무르게 합니다. 즐거운 추억에 흠뻑 젖어 봅니다. 원하는 만큼 시간을 갖습니다.

4단계: 다음으로 방 안의 다른 것들로 옮겨가 봅니다. 만약 이것으로 충분하다면 여기서 멈출 수도 있습니다. 어느 쪽이든 여러분을 정말로 즐겁게 하고 미소 짓게 하는 삶의 작은 것들을 알아차리는 습관을 들여 봅니다.

만약 주변의 온통 부정적인 것들만 알아차리는 습관이 강하다면, 경이로움을 알아차리는 습관을 들이기 조금 어려울 수도 있어요. 앞서 살펴본 '경이로움 수행하기' 연습은 성인용 MSC 프로그램에서 제가 가장 좋아하는 수행 중 하나인 '감각하고 음미하며 걷기'에서 영감을 받았답니다. 감각하고 음미하며 걷기 연습은 여러분이 긍정적인 것들을 알아차리는 습관을 들이게 하는 또 하나의 좋은 방법이 되어 줄 거예요.

 ## 연습: 감각하고 음미하며 걷기

이 활동은 숲, 공원, 들판 같은 자연환경에서 하는 것이 이상적입니다. 하지만 여러분의 집, 근처 차도, 거리에서도 할 수 있습니다. 도심 속 보도블록 위에서도 해 볼 수 있습니다. 경이로움은 어디에나 있다는 것을 기억하시길 바랍니다.

먼저 나뭇잎, 바위, 개미집 위의 개미들, 보도블록의 갈라진 틈에서 자라난 풀잎같이 자신을 끌어당기는 무언가를 찾습니다. 자신의 모든 감각을 이용해서 그 대상을 받아들이고 즐기면서 시간을 보내 봅니다. 천천히 해 봅니다.

다음으로 나아갈 준비가 되었다고 느끼면, 계속 걸으면서 마음을 사로잡는 다음 대상을 살펴봅니다. 그런 다음 그 대상과 함께 시간을 보냅니다. 원하는 만큼 이 작업을 계속합니다. 걷기를 마치고 나서 기분이 어떤지 알아차려 봅니다.

다음은 감각하고 음미하며 걷기를 쉽고 재미있게 변형한 또 다른 연습이에요.

 ## 연습: 사진으로 경이로움 포착하기

이 연습에서는 여러분을 미소 짓게 하고 기쁨을 가져다주는 것들에 주목하고 핸드폰으로 사진을 찍어 볼 겁니다. 원하는 만큼 사진을 찍어서 핸드폰이나 컴퓨터에 폴더를 만들어 저장할 수 있습니다. 쉽게 열어 볼 수 있다면 저장하는 곳이 어디든 무관합니다. 그런 다음 기분이 가라앉을 때 이 폴더를 열어 사진을 보면 기분이 변화하는 것을 알아차릴 수 있을 것입니다.

보너스 스테이지로 이 연습을 친구들 몇 명과 함께 해 볼 수도 있습니다. 서로 찍은 사진을 공유하고 무슨 일이 일어나나 지켜보세요! 서로에게 얼마나 큰 기쁨을 가져다주는지 놀라게 될 것입니다. 우리 모두가 인간으로서 공유하는 정서적 힘겨움 같은 특정한 것들을 우리는 보편적 인간경험이라고 부릅니다. 하지만 우리가 다른 이들과 연결될 때 경험하는 기쁨 또한 우리가 인간으로서 공유하는 보편적 인간경험입니다. 자신에게 흥미로움과 기쁨을 주는 것들을 함께 나누면 서로 연결되는 데 도움이 됩니다.

또 다른 방식으로 연습해 볼 수도 있어요.

 ## 연습: #기쁨의_순간

하루를 보내면서 기쁨과 경이로움을 선사하는 것들을 알아차려 봅니다. 아주 작고 겉보기에 사소해 보이는 것들일 수 있다는 점을 다시 한번 기억해 주

세요. 추운 날씨에 외출하고 돌아왔을 때 마시는 따뜻한 핫초코나 차 한 잔의 맛, TV를 볼 때 몸을 감싸는 담요의 부드러운 느낌 같은 것들을 떠올려 봅니다.

그걸 사진을 찍어서 소셜 미디어에 해시태그 #기쁨의_순간을 붙여서 공유해 보세요. 어떻게, 또는 왜 그것이 여러분에게 기쁨을 주는지도 적어 보시고요. 시간이 지나면 여러분 자신만의 기쁨의 순간 모음집이 만들어질 테고, 여러분이 원할 때 언제든 돌아가 기억을 더듬으며 그 기쁨의 순간들을 다시 경험할 수 있습니다. 아울러 다른 사람들과 그 순간들을 공유하고 있다는 것, 그리고 다른 사람들도 그것들로부터 어느 정도 즐거움을 느낀다는 것도 알게 될 것입니다.

다음은 듀크 대학교의 브라이언 섹스턴(Bryan Sexton) 박사님과 캐서린 아데어(Kathryn Adair) 박사님을 비롯한 많은 심리학자와 연구원에 의해 권고된 연습이에요. 이분들의 연구에 따르면 이 연습을 꾸준히 하면 더 큰 행복을 얻을 수 있다고 해요. 우리에게 기쁨을 주는 것들에 집중하는 또 다른 방법으로, 아주 간단한 연습이랍니다(Sexton & Adair, 2019).

 연습: 세 가지 좋은 일

1단계: 하루를 마무리하면서 그 날 잘 굴러갔던 일 3가지를 적어 보고, 그 일이 잘 된 이유, 특히 그 일이 가능해지는 데 여러분의 역할은 무엇이었는지 적어 봅니다.

2단계: 각각의 좋은 일에 대한 느낌에 가장 잘 맞는 감정은 무엇인가요? 예를 들어 기쁨, 감사, 희망, 흥분 같은 감정을 느꼈을 수 있습니다. 여기에 대해서도 적어 보세요.

3단계: 적어도 일주일 동안 매일 이 작업을 해 봅니다. 2주 동안 해 보면 더 좋습니다.

이게 다예요! 엄청 간단하죠? 유튜브에 가서 '세 가지 좋은 일(Three Good Things)'을 검색해 보면 여기에 대해 더 많은 내용을 확인해 볼 수 있을 거예요. 앱 스토어에서 'Three Good Things'를 검색하면 연습에 사용할 수 있는 앱도 내려받을 수 있어요.

이러한 연습들을 할 때 대회에서 상을 타는 것 같은 거창한 일들이 필요하지는 않다는 걸 기억하길 바라요. 점심시간에 친구와 즐거운 이야기를 했거나, 엉뚱한 여동생이 보낸 웃긴 메시지 같이 작고 단순한 것들이면 충분하답니다. 이런 일들은 하루 내내 일어나므로, 그저 그것들을 알아차리는 습관만 들이면 될 거예요.

습관을 들이려면 시간이 걸릴 테니, 삶에서 즐거움을 발견하는 것을 잊어버리고 부적 편향에 사로잡혔다고 해서 낙담하거나 여러분 자신을 비난하지는 않길 바랍니다. 그저 인간이라서 그랬을 뿐이고, 무엇보다 다시 시작할 수 있으니까요. 장담컨대 계속 떠올리고 연습하다 보면 결국 습관이 될 테고, 어느 순간에는 여러분도 모르게 그렇게 하고 있을 거예요. 엄청 쉬워지고 심지어 재미있다는 걸 알아차릴 수도 있고요!

홀로코스트 생존자이자 피아니스트인 앨리스 좀머 헤르츠(Alice Herz-Sommer) 선생님은 110세까지 장수하셨는데, 항상 삶에서 좋은 점들을 바라보려 한 것이 본인의 장수 비결이라고 하시며 다음과 같이 말씀하셨어요. "아름다움은 어디에나 존재합니다. 나쁜 점들도 알고 있지만, 좋은 점들만 보려고 하지요." 인터넷에서 검색하거나 유튜브를 통해 인터뷰를 확인해 볼 수도 있어요.

우리가 좋은 점들을 바라보려 할 때 얻게 되는 긍정적인 결과는 많은 연구자가 글로써 표현해 두었지만, 그중에서도 바바라 프레드릭슨 교수님의 연구가 가장 유명해요. '확장 및 구축 이론(Broaden and Build theory)'이라고 불리는 이론인데, 우리가 삶에서 좋은 것들을 알아차리면 긍정적인 감정을 경험하게 되고, 그로써 우리의 인식과 관점이 확장되고 회복탄력성 같은 개인의 자원이 구축된다는 내용이에요. 기쁨이나 만족 같은 긍정적인 감정을 경험하면 더 창의적이고 장난스러워지게 되면서 새로운 것을 탐구하는 데 더 큰 관심을 보이게 되는 상태가 된답니다. 우정을 쌓고 유지하거나 두뇌 발달을 촉진하는 것 같은 우리를 지지하는 새로운 강점과 자원을 만들게 해 주기도 하고요. 이 모든 것들은 우리가 성장하고 발전하는 데 도움이 되지요.

달리 말해 보자면, 우리 삶에서 긍정적인 것들을 알아차리고 그것들에 공간을 마련해 주면 우리는 더 행복해질 뿐만 아니라, 더욱 다양한 경험에 마음을 열게 되면서 우리의 자원을 쌓고 어려움을 다루는 능력을 키울 수 있어요. 궁극적으로 전반적인 안녕감을 더 크게 경험하게 되고, 무언가가 우리를 상처 입혔을 때도 더 쉽게 회복할 수 있게 해 준답니다(Fredrickson, 2001).

 ## 명상: 예상치 못한 곳에서 경이로움 발견하기

명상 녹음 파일을 http://www.newharbinger.com/45274에서 내려받을 수 있습니다.

지금까지 우리는 일상 속 우리 주변에서 경이로움을 찾는 것에 대한 많은 이야기를 나누어 보았지요. 이제부터는 다른 장소, 즉 여러분이 가장 기대하지 않던 곳에서 경이로움을 발견하는 안내 명상을 해 보겠습니다. 이 명상은 정말 멋진 자기연민 지도자인 제 친구 블레어 칼튼(Blair Carleton)으로부터, 그리고 MSC 프로그램으로부터 영감을 받아 만들었습니다.

• 편안한 장소를 찾아 앉거나 눕습니다. 편안하다고 느낀다면 두 눈을 감고, 만약 눈을 감는 것이 불편하다면 앞쪽의 바닥을 부드럽게 응시합니다.

• 목과 어깨 부위의 긴장 같은 몸의 어떤 감각이든 알아차려 봅니다. 몸에서 긴장되거나 아픈 부위를 찾았다면 그 부위에 부드러움을 전해 봅니다. 그 부위에 따뜻한 수건 같은 온기를 가져가는 것을 상상할 수 있는지 살펴보고, 이것이 약간의 긴장을 풀어 주는 데 도움이 되는지도 살펴봅니다. 자신에게 필요한 만큼 이 단계에서 시간을 보냅니다.

• 세 차례 편안하게 호흡하면서, 들이쉬고 내쉴 때 호흡의 느낌을 알아차려 봅니다. 들이쉴 때보다 내쉴 때 더 길게 숨을 보내며 이완을 담당하는 신경계 일부가 활성화되게 합니다. 숨을 내쉴 때마다 몸이 조금 더 안정되게 하면서, 몸을 조금 더 놓아 주며 몸이 의자나 소파로 조금 더 가라앉도록 허용합니다.

- 소파나 의자, 또는 바닥이 자신을 감싸고 지지하게 합니다. 이곳에서 여러분은 안전하고, 여러분의 몸이 지지받고 있음을 압니다.

- 이제 멀리서 들리는 소리에 주의를 기울여 봅니다. 소리로 다가가서 마음을 열고 그 소리가 자신의 귀를 채우게 합니다. 정말로 그 소리에 주의를 기울여 봅니다. 즐거운 소리를 선택하는 것도 도움이 되지만, 반드시 그럴 필요는 없습니다. 어떤 소리든 가능합니다.

- 이 소리와 함께 잠시 머물러 봅니다. 마음이 방황하는 것을 알아차리면 이 소리로 부드럽게 주의를 되돌립니다.

- 준비가 되면 더 가까이 들리는 소리, 여러분이 머물고 있는 방에서 들려올 수도 있을 그 소리에 주의를 기울여 봅니다. 소리를 향해 주의를 기울이고 다가갑니다. 소리가 자신의 귀를 채우게 합니다. 이 소리 외에 다른 것은 존재하지 않는다고 상상해 봅니다. 다시 말하지만, 즐거운 소리가 도움이 될 수도 있지만, 반드시 그런 소리여야 할 필요는 없습니다.

- 몇 분 동안 이 소리와 함께 머물러 봅니다. 그리고 다시 한번, 마음이 방황하면 여러분의 주의를 다시 부드럽게 이 소리로 가져옵니다.

- 이제 여러분의 주의를 더욱 가까운 곳에, 자신의 피부 표면의 감각에 기울여 봅니다. 여러분이 앉아 있는 의자와 닿아 있는 몸의 부분이나 서로 맞닿아 있는 입술의 감각, 옷이 피부에 닿는 느낌 등으로 주의를 가져가 봅니다. 소파에 몸을 묻을 때 느껴지는 푹신한 느낌 같이 위로를 주는 느낌이 이상적입니다.

- 그 감각을 알아차리며 이곳으로 주의를 가져옵니다. 그 감각을 즐기면서

감사함을 느껴 봅니다. 이 편안한 순간을 감상해 봅니다. 몇 분 동안 이 느낌에 머물러 봅니다.

- 몇 분이 지나고 나면 더 가까이 다가가서 자신의 내면에 가지고 있는 느낌, 즉 여러분 내면에 깊숙이 자리한 자기 자신을 구성하는 필수적인 부분을 알아차려 봅니다. 거창한 것일 필요가 없으며, 아주 작은 것도 가능합니다. 그러나 반드시 현실적인 것으로, 마음속 깊은 곳에서부터 진실로 좋아하는 자신의 한 부분이어야 합니다. 동물에 대한 열정이나, 의리 있는 친구라는 점, 축구를 정말 좋아해서 열심히 한다는 점 같은 것들일 수 있습니다. 자신이 진실로 감사하는 어떤 자질이 거기에 있는지 살펴봅니다. 항상 실천하지 않는 것이라도 괜찮습니다. 친절해지려는 의도만으로도 가능합니다. 아무도 여러분의 생각을 듣고 있지 않으니, 자기 자신에게 솔직해져 봅니다.

- 자기 자신에 대해 감사한 점을 진정으로 들을 수 있도록 허용합니다. 마음속에서 크고 명확하게 들리게 합니다. 여러분의 존재를 그 소리로 채워 봅니다.

- 이 자질에 대해 떠올릴 때, 이 자질의 일부는 부모님, 조부모님, 선생님, 친구, 심지어 책이나 영화 같은 다른 존재의 영향을 받았다는 것을 알아차릴 수도 있습니다. 삶에 영향을 주는 것들에 감사할 수 있도록 자신을 허용합니다. 머릿속으로 감사의 말을 전해 볼 수도 있습니다. 자신을 지지하는 데 도움이 된 선물을 준 그들에게 감사를 전해 봅니다.

- 마지막으로, 가장 중요한 부분입니다. 이러한 자질을 가진 자기 자신에게 감사함을 전하는 시간을 잠시 가져 봅니다. 작은 것들이 우리를 경이로움

으로 가득 채울 수 있다는 사실도 기억합니다. 우리가 해야 할 일은 그저 그것들에 주의를 기울이는 것뿐입니다.

• 준비가 되면 부드럽게 눈을 뜹니다.

이 연습이 여러분에게 어땠는지 잠시 생각해 보세요. 매우 간단하고 쉬웠을 수도 있습니다. 그렇지만 여러분 중 누군가에게는 상당한 도전이 되었을 수도 있어요. 만약 여러분이 그랬다면, 여러분은 혼자가 아니라는 것, 그리고 연습할수록 쉬워질 것이라는 점을 기억해 주시길 바라요. 우리는 우리 자신의 좋은 자질에 감사하는 데 익숙지 않으니까요. 우리 대부분은 다른 사람의 좋은 자질에 감사하는 데는 전혀 문제가 없지만, 우리 자신의 좋은 특질에 주의를 기울일 때는 죄책감이 들거나 이기적이라고 느끼곤 해요.

저를 한번 믿어 보세요. 여러분 자신을 사랑하고 감사함을 느끼는 데에는 아무런 문제가 없어요. 사실 이게 이 책 내용의 전부이기도 해요. 우리 자신에게 친절하게 대하는 것이 어떻게 스트레스를 덜 받게 하고 자신을 덜 가혹하게 대하게 하는지 이해하는 과정이 이 책의 핵심이거든요. 그리고 이 과정을 통해 자신감이 커지고, 다른 사람들에게 더 많은 것을 줄 수 있기에 더 나은 친구가 되어 줄 수도 있지요. 여러분은 자기 자신뿐만 아니라 다른 이들과도 함께할 수 있도록 힘과 회복탄력성을 키우고 있는 것이랍니다.

마무리

우리에게 경이로운 것들과 기쁨을 줄 만한 것들은 여러분의 내면과 외부 어디에든 존재하기에, 그저 잠시 멈추어 우리 삶 속 이러한 것들을 알아차리고 자각을 가져간다면 더욱 행복해지게 될 거예요. 우리 삶의 경이로운 부분에 자각을 가져가는 것은 마음챙김이에요. 그것이 인간경험의 일부라는 걸 알아차리는 건 보편적 인간경험이지요. 인간 존재인 우리는 모두 경이로움과 기쁨을 경험할 수 있는 능력이 있거든요. 기쁜 느낌에 완전히 몰입하는 건 그 자체로 자신에게 친절해지는 행동이고요.

경이로움은 자기연민의 세 가지 구성 요소인 마음챙김, 보편적 인간경험, 자기친절을 한데 모아 줍니다. 그리고 재미있는 점은 주변의 경이로움을 알아차리게 되면 여러분이 가지고 있던 문제는 배경으로 물러나서 사라지는 것처럼 보일 거예요. 자기 자신에게 너무 몰두하지 않게 되고, 마음에서 일어나는 모든 부정적인 것들이나 자기비판에 덜 매달리게 되어서 나타나는 결과이지요.

다음 장에서부터는 이 책의 앞부분에서 배웠던 자기연민 기술을 모두 가져다가 매일 마주하는 모든 종류의 힘겨움에 적용해 볼 거예요. 학교 스트레스부터 소셜 미디어에서 겪는 어려움, 대인관계와 신체 문제, 그리고 일부 청소년이 맞닥뜨리는 성정체성과 성지향성 문제까지 말이죠. 우리가 일상생활에서 마주하는 다양한 도전뿐만 아니라, 도전에서 나타나는 자기비판을 다루는 데 도움이 되는 도구들을 우리에게 전해 주는 것이 바로 자기연민이랍니다.

학교 스트레스가
나를 넘어뜨리지 못하게 하기

큰 규모의 역사 조별과제 마감이 이번 주 금요일로 다가왔다고 해 보죠. 아무리 좋은 말로 표현해 보려 해도 여러분이 선택한 조는 제대로 해 내지 못했어요. 조원들은 각자 더 낫다고 여기는 대로, 최소한 자신에게 좋을 대로 행동했죠. 한편 여러분은 이 과제에서 좋은 점수를 받고 싶었어요. 이때껏 좋은 점수를 받아 왔기에 이번 조별과제도 성적에 도움이 되어야 했어요. 하지만 조원들이 한 팀으로 움직이지 않았고, 여러분은 점점 더 좌절하고 자신에게도 화가 납니다. 잘 알고 선택했어야 했는데 말이죠. 인기 많은 이 아이들과 함께 조별 활동을 하겠다고 했을 때, 여러분 혼자 모든 걸 감당해야 할 거란 것도 알았어야 했고요.

자신이 바보처럼 느껴집니다. 그저 인기 많은 아이들과 함께 조 활동을 하고 싶어 하다가 나쁜 성적을 받게 되었네요. 게다가 이번 분기에 배웠던 모든 범위가 출제되는 큰 수학 시험이 내일 있는데 공부에 집중할 수도 없고요. 이 어리석은 조별과제, 그리고 실제로 역할을 분담할 수 있던 똑똑한 친구들 대신 이 아이들을 선택했던 자신의 어리석은 선택에 정신이 산만해져서 말이죠.

다른 사람들로부터 받는 압력

학교 스트레스는 때로는 압도적으로 느껴지지요. 실제로 쌓여 있 는 숙제들뿐만 아니라, 좋은 대학에 들어가기 위해 좋은 성적을 받 는 게 얼마나 중요한지 끊임없이 말하는 부모님까지 거드니까요. 좋은 대학에 들어가지 못하면 인생을 망친다고 이야기하시곤 하죠.

거기에다 선생님들도 성적은 평생 남으니 정말 중요한 것이라고 말씀하시죠. 그게 무슨 뜻인지도 모르겠지만, 어쨌든 무서운 말처 럼 들리네요. 그리고 학교 상담 선생님은 뭐가 됐든 여러분이 잠재 력을 발휘하고 있지 못하고 있다고 말씀하시고요. 여러분의 잠재 력이 무엇인지 어떻게 알고 하시는 소릴까요?

때로는 이 압박감이 견딜 수 없게 느껴질 거예요. 비명을 지르고 싶거나 방 한구석에 숨어서 '기묘한 이야기' 시리즈나 왕창 보고 싶 기도 하고요.

어떻게 해야 이 스트레스를 줄일 수 있을까요? 첫째, 여러분이 혼

자가 아니란 걸 기억해 주세요. 미국심리학회에 따르면 청소년 중 83%가 학교를 주요 스트레스 원인으로 꼽는다고 해요(APA, 2014).

　둘째, 이게 여러분이 잘못이 아니란 걸 알기를 바라요. 우리가 다니는 21세기의 학교는 아이들에게 극심한 압력을 주고 있어요. 학교에서 배워야 할 내용은 지난 30년 동안 극적으로 늘어났고, 학교의 수준이 더 높아 보이게 하려고 학생들에게 사교육을 통해서라도 더 높은 성적을 받으라고 하지요. 방학 동안 선행학습을 더 많이 받게 하기도 하고요. 얼마 전까지만 해도 방학은 실제로 휴식을 취하고 느긋하게 보내는 시간이었는데 말이죠. 무엇보다 대학교 입학 경쟁은 갈수록 치열해지고 있고요. 그리고 안타깝게도 어떤 사람들은 여러분이 어떤 사람인지, 예를 들어 여러분의 마음이 넉넉하거나 친절하거나 좋은 친구인지 같은 정말 중요한 점들보다 성적이나 수능 점수, 또는 여러분이 합격한 대학 같은 외부 요인으로 여러분을 판단하기도 해요.

　청소년에게 가해지는 사회의 압력에 대한 결과가 청소년들이 보이는 높은 수준의 스트레스예요. 미국심리학회에서 청소년들을 대상으로 설문을 한 결과, 2014년 기준으로 청소년 중 27%가 10점 만점에 8점에서 10점 정도의 스트레스 수준을 응답한 것으로 나타났어요. 게다가 청소년 중 31%가 작년보다 스트레스가 심해졌다고 답했고, 34%는 내년에도 스트레스가 더 늘어날 거라고 예상하기도 했지요.

기대에 부응하지 못하더라도 최선을 다하기

여러분은 주변의 모든 어른이 되기를 바라는 성공한 사람이 되기 위해 스스로 압력을 주고 있을지도 몰라요. 하지만 여러분 내면에서 이렇게 외치는 작은 목소리가 존재할 수도 있죠. "이건 너무해! 내가 그만큼 똑똑하지 않을 수도 있잖아! 그럴 만한 재능이 없을 수도 있고! 왜 그냥 있는 그대로 못 쉬게 하는데! 왜 이걸로 충분하지 않다고 하는 건데?"

모든 사람이 원하는 완벽한 우등생이나 만능 운동선수가 되라는 압박 속에서 어떻게 여러분 자신으로 존재할 수 있을까요? 주변의 기대에 부응하지 못하고, 학업도 잘 따라가지 못해 남들이 되어야 한다고 생각하는 모범생이 되지 못하는 것 같아 여러분 자신이 완전히 실패했다고 느낄지도 모르겠네요. 어떡해야 하는 걸까요?

여기 한 가지 아이디어가 있어요. 스트레스를 유발하는 이 모든 난리 한가운데에서도 여러분은 자기 자신에게 좋은 친구가 되어 줄 수 있어요. 자기 자신을 지지해 줄 수 있고요. 자신을 진정시키기 위해 존재할 수도 있고, 모두 괜찮아질 거라고, 어떤 식으로든 잘 될 거라고 자신에게 말해 줄 수도 있지요. 달리 말하자면 친한 친구가 이럴 일을 겪는다면 해 줄 말을 정확히 그대로 자기 자신에게 해 주는 거예요. 친한 친구에게 말해 줄 수 있다면 여러분 자신에게도 말해 줄 수 있으니까요. 그렇죠? 그리고 만약 여러분이 자기 자신에게 친한 친구인지 확신이 없다면 다음과 같은 방식으로 생각해 보세요. 연구에 따르면 우리가 자기 자신에게 더 친절해지면 스트레스도 덜 받고 우울과 불안도 줄어든다고 해요. 그리고 물론 스트레스를 덜 받으면 학교에서 더 잘 해낼 수도 있고요. 그러니 여러분 자신에게 친절해지는 건 실제로 멀리 보았을 때 학교에 관련된 스트레스를 줄이고 더 효율적으로 행동하는 데 도움이 될 수 있답니다.

이렇게 하는 방법을 다음 명상에서 보여 드릴게요. '연민 어린 친구'라고 불리는 이 명상은 원래 연민중심치료(Compassion-Focused Therapy: CFT)의 창시자인 폴 길버트(Paul Gilbert) 선생님이 고안한 명상이에요. 여기서는 청소년 자기연민 프로그램인 '나 자신과 친구 되기' 프로그램에서 하는 방식으로 해 볼 거예요. 이 명상을 할 때, 그리고 실제로 이 책에 담긴 모든 명상을 할 때는 천천히 해야 한다는 걸 꼭 기억해 주길 바라요. 여기는 학교도 아니고, 빨리 끝낸다고 해서 더 효율적이거나 효과적이지도 않으니 서두르지 않아도 돼요. 명상 속 말들이 여러분에게 스며들게 하는 것이 중요한데, 그러려면 시간을 갖고 천천히 진행해야 하죠. 자기연민의 마법은 이렇게 할 때 더 멋진 효과를 보여 준답니다.

명상: 연민 어린 친구

명상 녹음 파일을 http://www.newharbinger.com/45274에서 내려받을 수 있습니다.

• 앉거나 누워서 눈을 감고 몇 차례 깊게 숨을 쉬어 봅니다. 긴장을 풀고 의

자나 바닥이 여러분을 지지하게 합니다. 호흡할 때마다 조금씩 더 긴장을 풀 수 있는지 살펴봅니다.

- 이제 자신이 안전하고, 편안하며, 안정을 느낄 수 있는 장소를 상상해 봅니다. 실제 장소일 수도 있고, 가상의 장소일 수도 있습니다. 그저 편안하게 호흡하면서 모든 걱정을 내려놓을 수 있는 장소면 됩니다. 자연 속의 해변이나 개울 근처 숲속일 수도 있고, 침실 한쪽 구석이나 좋은 친구의 편안한 집일 수도 있습니다. 소리, 냄새, 신체 감각들, 그리고 무엇보다 그곳에서 느껴지는 느낌들을 가능한 한 자세히 상상해 봅니다.

- 이제 여러분은 방문객 한 명을 맞이하게 됩니다……. 따뜻하고 친절한 친구입니다. 여러분을 온전히 사랑하며, 있는 그대로의 여러분을 받아들이는 존재입니다. 친구, 조부모님, 좋아하는 선생님 같은 실존 인물일 수도 있고, 책 속의 등장인물이나 반려동물, 또는 만화책이나 영화에 등장하는 캐릭터일 수도 있습니다. 또는 여러분이 마음속에서 만들어 낸 존재일 수도 있습니다. 가능한 한 자세히 떠올려 보고, 특히 그 존재가 여러분에게 어떻게 느껴지는지 마음으로 그려 봅니다.

- 이제 여러분은 그 친절한 친구를 맞이하게 됩니다. 안전한 장소 밖으로 나가서 친구를 만날 수도 있고, 친구를 안으로 초대할 수도 있습니다. 어느 쪽이든 좋습니다. 자신에게 가장 편안한 방법을 선택합니다. 그러한 자신의 모습을 상상해 봅니다.

- 여러분에게 적당하다고 느껴지는 적절한 거리를 두고 그 친구와 함께 앉습니다. 여러분은 온전히 편안하고 안전하며, 있는 그대로 받아들여지고 사랑받는다고 느낍니다. 그곳이 바로 지금 이 순간 여러분이 있어야 할

곳입니다.

- 시간을 갖고서 이 특별한 친구와 함께하는 느낌을 즐겨 봅니다. 이 존재는 지금 여러분과 함께하면서 여러분이 누구인지, 지금 삶의 어디쯤 와 있는지, 그리고 무엇으로 힘들어하는지 정확히 이해하고 있습니다. 그리고 이 존재는 여러분이 삶에서 할 수 있는 최선을 다하고 있다는 것 또한 알고 있습니다. 이 친구는 그 누구보다 여러분을 잘 알고 있으며, 여러분을 온전히 사랑하고 받아들입니다. 심지어, 그리고 특히 여러분이 실패했을 때도 이 친구는 이렇게 여러분과 함께합니다.

- 이제 이 존재가 여러분에게 중요한 무언가를 말하려 합니다. 바로 지금 여러분이 들어야 할 필요가 있는 말입니다. 이 친구가 전해 주려는 말에 귀를 기울여 봅니다. 위로받고, 지지하며, 친절한 말입니다. 아마도 "역사 조별과제를 같이 할 아이들을 고르는 데 너무 애쓰지 마. 너는 그저 사랑받고 받아들여지고 싶을 뿐이야. 그건 정말 인간적인 마음인걸. 우리는 모두 사랑받고 싶어 해." 만약 아무런 말도 들을 수 없다 해도 괜찮습니다. 그저 연민 어린 친구와 함께 있는 것을 즐겨 봅니다.

- 이제 어쩌면 여러분도 이 친구에게 하고픈 말이 있을 수 있습니다. 이 친구는 여러분의 말을 잘 들어주고 완전히 이해합니다. 하고 싶은 말이 있나요?

- 마지막 몇 분 동안 이 친구와 좋은 시간을 보내며, 필요할 때마다 다시 초대할 수 있다는 것을 기억하면서 작별인사를 건넵니다.

- 여러분은 이제 안전한 장소에 홀로 있습니다. 방금 일어났던 일들을 잠시 생각해 봅니다. 자신이 들었던 말을 되새겨 볼 수도 있습니다.

• 그리고 이 명상을 마치기 전, 이 연민 어린 친구가 여러분의 일부임을 기억합니다. 여러분이 느꼈던 다정한 존재와 여러분이 들었던 말은 여러분 내면의 깊은 곳에서 나온 것입니다. 그 편안함과 안전함은 항상 여러분 안에 있습니다. 필요할 때마다 이 안전한 장소와 연민 어린 친구에게 돌아올 수 있다는 사실을 알기를 바랍니다.

• 이제 다시 주의를 호흡으로 가져옵니다. 그리고 준비가 되면 부드럽게 눈을 뜹니다.

연민 어린 친구가 실제로 여러분의 일부라는 사실에 놀랐나요? 이 명상을 마치고 난 사람(어른이든 청소년이든) 대부분 이 친구가 실제로는 자신 내면의 목소리라는 것에 놀라곤 해요. 하지만 그럴 수밖에 없겠죠? 여러분의 마음속에서 여러분이 창조해 낸 존재니까요. 이 친구가 어떻게 생겼는지, 이 친구의 존재가 어떻게 느껴지는지, 무슨 말을 하는지 모두 여러분이 떠올린 것이죠. 그러니 여러분은 진실로 언제나 내면에 이러한 친절하고 다정한 목소리를 간직하고 있는 거예요. 여러분이 필요할 때마다 여러분을 지지하고 받아들여 주는 목소리를요. 여러분 자신의 진실한 목소리랍니다.

실패에 대한 두려움

그런데 만약 이런 친절하고 다정한 목소리가 언제나 우리 안에 있다면, 우리는 왜 평소에 이 목소리를 듣지 못하는 걸까요? 대조

적으로 우리가 충분히 노력하지 않는다고, 더 잘할 수 있다고 우리에게 소리치는 시끄럽고 불쾌하고 비판하는 목소리는 항상 듣는데 말이죠. 그리고 우리 중 일부는 이 비판하는 목소리를 의심하지 않고 따라가면서, 우리가 더 열심히 하면 더 많은 걸 성취할 수 있다고 믿곤 하지요. 좋은 성적을 받고, 학교 연극에서 한몫하고, 오케스트라에서 수석을 맡거나, 팀에 뽑히면서 말이에요.

우리는 습관적으로 비판하는 목소리를 듣기도 해요. 평생 그렇게 해 왔으니까요. 자기 자신에게 가혹해지는 습관에는 여러 가지 이유가 있는데, 자기 자신에게 엄격하면 더 많은 것을 성취할 수 있다고 생각하는 게 그중 하나예요. 우리 자신에게 친절해지면 소파에 붙은 껌딱지가 되어서 얼굴엔 온통 과자를 묻히고 넷플릭스를 흥청거릴까 봐 두려워하죠.

흥미롭게도 연구 결과는 정반대로 나타난답니다. 연구에 따르면 우리가 자신에게 친절할수록 새로운 것들을 더 많이 시도해서 더 많은 것들을 성취할 가능성이 커진다고 해요. 실패를 두려워하지 않는 거죠.

이렇게 생각할지도 모르겠네요. 잠깐만요. 뭐라고요? 실패를 두려워한다고요? 설명 좀 해 주세요.

때때로 사람들은 실패할까 봐 두려워서 새로운 시도를 꺼리곤 하지요. 고개를 들어 새로운 것을 시도하는 것보다 안전하고 잘 할 수 있는 걸 하기를 선호해요. 여러분도 그런 느낌을 받아본 적이 있다면, 많은 사람이 때때로 그렇게 느낀다는 걸 알기를 바라요. 매우 자연스러운 반응이라는 것도요.

어느 때는 포기하고 더는 시도하지 않으려 하는 상태에 이르기도 하죠.

📧 데이브의 이야기

예를 들어, 데이브(Dave)의 사례를 살펴보자. 데이브는 배우는 것을 좋아하고 정말 똑똑했지만, 자신의 장애로 인해 읽는 법을 배우기가 너무 어려웠다. 초등학교 저학년 때까지는, 즉 읽기가 정말 중요해지고 다른 모든 과목에 필요하게 되기 전까지는 공부를 훌륭하게 해 낼 수 있었다. 그런데 4학년과 5학년이 되자 과학, 사회, 영어, 심지어 수학을 잘 하려 해도 먼저 잘 읽을 수 있어야 했다. 데이브에게는 너무 힘든 일이어서 따라갈 수가 없었고, 아무도 데이브에게 장애가 있다는 걸 알아차리지 못했다. 고등학교에 갈 때쯤 데이브는 이미 학업을 포기했고, 더는 시도하려 하지 않았다. '시도해도 어쨌든 실패할 텐데, 뭐하러 귀찮게 해?'라는 결론을 낸 것이다. 정말 슬픈 사실은 데이브에게는 뛰어난 수학 실력이 있었지만, 시도해 본 적이 단 한번도 없어서 자기 자신을 비롯한 그 누구도 데이브가 똑똑하다는 걸 알아보지 못했다는 것이다.

여러분이 정말로 시도해 본 적이 없다 해도, 시도해서 성공할 가능성은 여전히 존재해요. 하지만 시도하면 실패할 위험을 안게 되죠. 그 위험 때문에 어떤 사람들은 최선을 다하고 어쨌든 실패하느니 안전하게 행동하면서 성공 가능성을 모르는 게 더 낫다고 결론 짓기도 해요.

여러분의 이야기라고 생각할지도 모르겠네요. 지금 학교생활에서 최선을 다하고 있지 않을 수도 있고요. 실패할까 봐 두려워서 숙제보다는 비디오 게임을 하는 데 시간을 더 많이 쓰고 있을 수도 있고요. 실패 자체로도 매우 힘겹지만, 최선을 다했는데 실패하는 건 훨씬 더 힘겹고 두려운 일이니까요.

📧 드미트리우스의 이야기

　드미트리우스(Demetrius)는 일반 영어 수업과 더 어려운 고급 영어 수업 중 하나를 선택해야 했다. 영어는 언제나 드미트리우스가 가장 잘 하는 과목이었기에, 부모님은 고급반에 도전해 보아야 한다고 생각하셨다. 하지만 드미트리우스는 자신이 고급반에 들어가서 잘 하지 못하면 정말 부끄러워할 것이란 걸 알았다. 영작 같은 심화 과정에도 소질이 있다고 믿어 왔기 때문이다. 사실 드미트리우스는 언제나 반에서 영어 성적이 가장 뛰어난 학생이었고, 점수가 월등히 높았기 때문에 '셰익스피어'라고 불리곤 했다. 드미트리우스는 영어 수업에서 두각을 나타낼 때 받게 되는 긍정적인 관심을 좋아했기에, 자신이 성공적으로 지낼 수 있는 일반반에 안전하게 남아 있어야겠다고 생각했다. 어려운 수업에서 눈에 띄지 못하게 되거나, 어쩌면 심지어 실패할 수도 있는(사람 일은 모르는 거니까!) 선택을 하고 싶지는 않았다.

　우리 모두 어느 정도는 실패에 대한 두려움을 가지고 있어요. 다른 사람들에게 받아들여지고, 소속되고, 집단의 일원이 되기를 바라는 마음에서부터 오는 두려움이지요. 여기에는 아무런 문제가 없어요. 우리가 인간으로서 가지고 있는 부분이니까요. 소속되고 싶은 욕구는 우리 모두 가지고 있는 기본 욕구이기도 해요. 우리가 받아들여지고, 사랑받고, 다른 사람들과 연결되어 있다고 느끼도록 도와주기도 하고요.

하지만 실패에 대한 두려움이 최선을 다하려는 우리의 능력을 방해한다면 어떻게 해야 할까요? 어떻게 하면 실패에 대한 두려움 없이, 아니면 조금이라도 덜 두려워하면서 도전할 수 있을까요? 그리고 우리 자신에게 친절해지는 건 이것과 어떤 관련이 있는 걸까요?

짐작했겠지만, 답은 바로 자기연민이에요. 연구에 따르면 자기 자신에게 더 친절할 때 실패에 대한 두려움이 줄어들고 도전을 더잘 감당할 수 있다고 해요. 어려운 영어 수업이나, 새로운 운동이나 악기 연주를 시도하는 것처럼요.

이제 새로운 자기연민 연습을 한번 해 볼게요. 이 연습은 공식 수행으로, 보통 10분 정도 시간을 내어서 진행하지만, 여러분이 스트레스 받는 순간에 일상 수행으로 빠르게 해 볼 수도 있어요.

앞서 각자에게 알맞은 친절 문구를 발견해 두었던 것 기억나시나요? 이제 이 문구들을 가지고 우리 자신에게 친절해지는 습관을 기르는 데 도움이 되는 연습을 명상으로 해 볼 거예요. 그리고 제 동료 지도자이자 친구인 로라 프로치노 필립스(Laura Prochnow Phillips)가 즐겨 하는 말처럼 "친절은 파이가 아니에요. 자기 자신에게 전할 친절의 양을 제한하지 않아도 됩니다." 즉, 여러분 자신에게 친절을 전한다고 해서 다른 사람에게 전할 수 있는 친절이 줄

어드는 건 아니에요. 실제로는 자기 자신에게 친절을 전하면 자신을 채울 수 있게 되어서 다른 사람들에게 줄 수 있는 것이 더 많아지지요. 이게 바로 자기연민의 흥미로운 점이에요. 여러분 자신에게 더 많이 줄수록, 다른 사람들에게 줄 것도 더 많아진답니다.

 명상: 나를 위한 친절

명상 녹음 파일을 http://www.newharbinger.com/45274에서 내려받을 수 있습니다.

- '나만의 문구 발견하기' 연습(3장 참조)에서 발견했던 단어나 문구를 떠올려 봅니다. 그 문구들을 살펴보고, 필요하다면 검토해 볼 수도 있습니다. 마음에 그 문구들을 불러옵니다.

- 이 명상을 하는 동안 긴장을 풀고, 제대로 하고 있는지 걱정하지 않도록 합니다. 욕조 안으로 미끄러져 들어가 따뜻한 물이 긴장을 풀어주듯, 말들이 알아서 하도록 내버려 둡니다.

- 이제 앉거나 누워서 편안한 자세를 찾고, 눈을 완전히 또는 부분적으로 감습니다. 몇 차례 깊게 호흡하면서 몸 안에서 안정을 취하고, 숨을 내쉴 때마다 여러분의 몸이 의자나 소파로 더욱 깊이 가라앉게 합니다.

- 이 명상 전체가 바로 지금 자신에게 친절을 전하는 것임을 상기하기 위해, 손을 가슴 위 또는 위로와 지지가 느껴지는 곳에 얹습니다.

- 몸에서 가장 쉽게 알아차릴 수 있는 곳에서 호흡의 움직임을 느껴 봅니다. 한 번에 한 호흡씩, 호흡의 부드러운 리듬을 느껴 봅니다. 주의가 떠

돌 때, 자신을 판단할 필요가 없습니다. 그저 호흡의 부드러운 움직임을 알아차리는 것으로 돌아옵니다.

• 몇 분 동안 호흡에 주의를 기울인 다음, 호흡으로부터 주의를 내려놓고 여러분에게 나타났던, 여러분에게 가장 의미 있는 말이나 문구를 여러분 자신에게 들려주기 시작합니다. 그 말들을 자신의 귀에 속삭여 주고 있다고 상상해 봅니다. 해야 할 일도, 가야 할 곳도 없습니다. 숙제도 없고, 집안일도 없습니다. 여러분이 지금 해야 할 유일한 일은 그저 그 친절한 말들에 귀를 기울이고, 그 말들이 자신을 씻기고 흘러가게 하고, 그 말들로 자신의 존재를 채우게 내버려 두는 것뿐입니다.

• 마음이 방황하는 것을 알아차릴 때마다, 그저 이 말들로 돌아옵니다. 언제나, 계속해서 이 말들로 돌아옵니다. 문구를 자신의 집으로 삼고, 자신의 집으로 계속해서 돌아옵니다.

• 몇 분 더 시간을 내어 이 말이나 문구를 자신에게 조용히 속삭여 줍니다. 그리고 다음 단계로 넘어갈 준비가 되면, 문구를 내려놓고 1~2분 동안 자신의 몸에서 고요히 휴식을 취합니다. 그런 다음 천천히 눈을 뜹니다.

이 친절 명상이 작용하는 방식은 상당히 미묘할 수도 있어요. 명상을 하고 난 후 어느 정도 시간이 지날 때까지는, 심지어 명상을 매일 하더라도 달라진 점을 알아차리지 못하기도 하거든요. 하지만 그러다 보면 어느 날, 우리가 자신에게 예전만큼 엄격하지 않다는 걸 알아차리게 될 거예요. 다음은 이름 높은 명상 지도자인 샤론 샐즈버그(Sharon Salzberg) 선생님이 친절 명상을 처음 시작했을 때 일어났던 이야기예요. 수행을 1~2주 동안 집중적으로 하기 위해 찾아간 안거(숙박형 집중명상)에서의 경험인데, 당시 자애 명상을 집중적으로 하고 계셨다고 해요. 그런데 안거에 참여한 지 일주일이 지났는데도 아무런 차이를 알아차릴 수 없어서 조금 당황스러웠지요. 그러다 우연히 방에 놓여있던 꽃병을 깨뜨리게 되었는데, 그 순간 바로 자기 자신에게 "야, 이 바보야! 하지만 그래도 난 널 사랑해!"라고 말하는 걸 알아차리게 되었다고 해요. 만약에 일주일 내내 친절 수행을 하지 않았더라면 '하지만 그래도 난 널 사랑해'라는 말은 덧붙이지 않았을 거라고 확신에 차서 이야기하셨어요.

유대교 전통에서 나온 또 다른 이야기도 있어요. 한 제자가 랍비에게 왜 유대교의 경전인 토라에서 거룩한 말씀을 가슴 '속에' 두라고 하지 않고 가슴 '위에' 얹어 두라고 하는지에 대해 물었어요. 랍비는 우리가 삶에서 고군분투하고 상처를 입었기 때문에 대개 가슴이 닫혀 있다고 답했어요. 우리의 가슴이 고통으로 굳어 있다는 뜻이었지요. 하지만 언제가 우리의 가슴이 무너져 열리면 친절한 말이 가슴 속으로 들어가게 된다고 제자에게 이야기해 주었답니다.

따라서 우리는 자신을 바꾸기 위해서가 아니라, 언젠가 우리의 가슴이 부드러워져 진정으로 이 말을 듣게 되고, 우리의 내면 깊숙이 받아들이게 될 것임을 알기에 우리 자신을 위한 친절 수행을 하는 거예요. 언젠가 그 말들은 우리 자신의 필수적인 부분이 되고, 우리는 그 말들을 진실로 믿게 될 거예요. 그리고 그렇게 되는 날 우리 자신을 바라보게 되는 방식이 바뀌게 될 거고요. 실패를 크게 두려워하지 않고, 스트레스를 받지 않고 더 편안하게 도전할 수 있게 되는 것이지요.

지금쯤 여러분은 이렇게 생각할 수도 있겠어요. 하지만 전 1~2년 뒤에 대학에 지원해야 하고, 성적 때문에 스트레스 받고 있단 말이에요. 문구가 스며드는 걸 기다릴 수가 없어요! 지금 당장 돌아버릴 것 같다고요!

지금 이 순간 할 수 있는 다른 연습도 알려 드릴게요. 주로 마음챙김으로 구성된 이 연습은 불안을 가라앉히는 데 크게 도움이 될 거예요.

연습: 내 손바닥 안의 모든 것

연습 녹음 파일을 http://www.newharbinger.com/45274에서 내려받을 수 있습니다.

이 연습은 여러분을 쉽고 빠르게 현재 순간으로 데려다주는 일상 수행입니다.

- 한 손을 펴서 손바닥을 봅니다. 손바닥을 찬찬히 들여다보며, 손바닥 피부의 색조가 아주 조금씩 서로 다르다는 것을 알아차려 봅니다. 손금을 자세히 살펴봅니다. 손금이 어떻게 서로 연결되는지, 더 크고 굵은 손금에서 가는 손금들이 어떻게 나타나는지 알아차려 봅니다. 큰 손금과 작은 손금, 그리고 손바닥의 나머지 부분과의 색깔 차이를 알아차려 봅니다.

- 손가락을 손등 쪽으로 약간 구부러지게 하면서 손바닥 피부가 팽팽하게 펴지도록 손바닥을 뻗는 실험을 해 봅니다. 손금에 나타나는 차이를 알아차렸나요? 이렇게 손바닥을 뻗으니 어떻게 느껴지나요? 어떤 감각을 알

아차릴 수 있나요? 더 크게 쭉 뻗어보면 무슨 일이 생길까요? 지금은 무엇을 알아차리고 있나요? 이렇게 1분 또는 그 이상 손바닥을 뻗고 있으면 어떻게 될까요? 마음에 떠오르는 생각을 알아차린 것이 있나요?

• 이제 손의 긴장을 풀고, 손가락이 자연스럽게 약간 안쪽으로 말리게 합니다. 이 동작은 내가 느끼는 감각과 손바닥의 모양을 어떻게 변화시키나요? 손의 긴장을 더 풀어 보면서 손가락과 손바닥에 어떤 일이 일어나는지 살펴봅니다. 손바닥의 색이나 손금에 어떤 변화가 있나요? 어떤 생각의 변화가 일어나나요?

• 이제 다른 손의 한 손가락으로 손바닥에 부드럽게 선을 그어 봅니다. 신체 감각을 알아차립니다. 손가락이 손바닥에 닿는 접촉 지점에 주의를 기울입니다. 어떤 느낌이 드나요?

• 다음으로 눈을 감고 손가락으로 손바닥에 천천히 원을 그리며 그 감각에 주의를 계속 유지합니다. 마음이 방황하면 손가락이 손바닥에 닿는 감각에 다시 부드럽게 주의를 가져옵니다. 각 손가락으로 손바닥에 원을 그려 보며 그 감각이 어떤지 알아차려 봅니다.

• 원하는 만큼 이 동작을 계속해 볼 수 있습니다. 준비가 되면 부드럽게 눈을 뜹니다.

이 연습을 하는 동안에는 자신이 그다지 크게 걱정하거나 스트레스를 받지 않았다는 걸 알아차렸을 수도 있어요. 바로 여러분이 감각, 즉 시각과 촉각을 사용해서 현재 순간에 머물렀기 때문이에요. 우리가 배웠던 대로 신체 감각은 현재 순간에 여러분을 머무르게 하고, 걱정과 스트레스가 지배하는 과거와 미래를 놓을 수 있게 해 준답니다.

　이 연습이 좋은 점은 어디서든 할 수 있다는 거예요. 통학 버스에서도, 진료실에서 대기할 때도, 시험 시작 전 교실에 앉아있을 때도 말이죠. 아무도 알아차리지 못하는 방식으로 슬쩍 손바닥에 주의를 기울일 수 있죠. 손금이나 손바닥에 그리는 선의 감각으로 계속 주의를 되돌리는 한, 여러분의 마음은 임박한 시험 같은 스트레스를 받게 하는 이야기를 내려놓으며 덜 불안해지게 될 거예요.

마무리

　학교 스트레스는 날이 갈수록 치솟고 있습니다. 대부분은 사회와 학교가 주는 압력들 때문이지요. 이 스트레스를 다룰 수 있는 한 가지 방법은 우리 자신에게 더 많은 압력을 주지 않고, 또한 추가적인 압력 없이도 계속 동기를 유지할 수 있다는 것을 아는 친절한 친구가 되어 주는 거예요. 그리고 꼭 기억해 주세요. 연구에 따르면 자기 자신에게 친절하게 대하면 실제로 우울, 불안, 스트레스가 줄어들고, 이는 학업을 잘 수행하는 데 도움이 되므로, 결과적으로 스트레스 부담을 훨씬 더 많이 줄어들게 한답니다.

　또한 연구에 따르면 우리가 자신에게 더 친절해지면 안전지대에서 벗어나 새로운 것들을 탐색하고 우리의 능력과 지식을 확장하는 방향으로 더 편안하게 나아갈 수 있어요. '내 손바닥 안의 모든 것' 같은 마음챙김 연습은 그 순간의 불안을 줄이는 데 도움이 되고, 자신에게 해 줄 수 있는 친절한 메시지를 내면화하면 실패에 대한 두려움을 줄이는 데 도움이 될 거고요. 여러분이 회복탄력성을 쌓고 힘, 진정성, 결단력을 가지고 앞으로 나아가는 과정이 되어 줄 거예요.

소셜 미디어:
비교를 멈추는 법

핸드폰을 집어 들어 마지막에 올렸던 게시물을 확인했는데 '좋아요'가 달랑 두 개밖에 없네요. 만약 여러분이 우리 대부분과 같다면, 아마도 내면의 비판이 자리를 차지했을 거예요. 뭐야? 아무도 날 안 보는 거야? 다들 내가 있다는 걸 알지도 못하고, 내 말을 듣지도 않는 것 같아. 그리고 인터넷을 통해 모두가 볼 수 있죠. '좋아요'가 겨우 두 개라는 걸 말이죠. 아래로 내려보니 레티티아(Letitia)의 게시물은 '좋아요'를 무려 73개나 받았네요! 내가 보잘것없는 '좋아요' 두 개와 집에 붙어 있는 동안 걔는 분명히 어느 모임에서 돌풍을 일으키고 있겠죠. 차라리 내가 세상에 없었으면 좋겠고요.

소셜 미디어는 여러분이 이런 식으로 느끼게 할 수 있어요. 오해하진 마세요, 소셜 미디어에는 정말로 좋은 점도 있으니까요. 특히 외롭다고 느낄 때 다른 사람과 연결될 수도 있지요. 내 방에 앉아서 친구들과 채팅하고 삶의 여러 측면을 공유하는 건 때로는 정말 기분 좋은 일이기도 하죠. 소셜 미디어를 통해 소속되어 있다는 느낌을 느낄 수도 있고, 집단의 일원이라고 느낄 수도 있고요. 그러나 다른 어느 때는 소셜 미디어로 인해 기분이 훨씬 더 나빠질 수도 있어요.

여러분이 소셜 미디어를 사용하는 방식, 그리고 소셜 미디어가 여러분에게 미치는 영향을 알아보는 연습을 해 볼게요. 이 운동은 청년층을 대상으로 고안된 자기연민 프로그램에서 가져온 것으로, 알라이나 펜더(Alayna Fender)로부터 영감을 받았답니다.

 ### 연습: 소셜 미디어 탐색하기

연습 녹음 파일을 http://www.newharbinger.com/45274에서 내려받을 수 있습니다.

이 연습에는 펜과 종이가 필요하므로, 준비한 다음에 시작하도록 합니다.

- 눈을 완전히 또는 반쯤 감고 잠시 준비하고 확인하는 시간을 가지며 시작합니다. 호흡이 몸에 들어오고 나갈 때, 호흡의 움직임을 느껴 봅니다. 지금 이 순간 어떤 기분이 드는지 알아차려 보고, 현재 느껴지는 느낌을 무엇이든 글로 적어 봅니다.

- 이제 핸드폰을 꺼내서 인스타그램이나 트위터같이 자신이 가장 많이 사용하는 소셜 미디어 앱을 켭니다. 잠시 앱을 확인하면서 보고 있는 것들이 어떤 느낌을 주는지 특히 주의를 기울여 봅니다. 몇 분 정도 이렇게 하

면서 일어나는 어떤 느낌이든 알아차려 봅니다.

- 앱을 확인하는 동안 떠오르는 생각이나 느낌을 적어 봅니다. 예를 들면 다음과 같습니다.

  나는 자격지심을 느껴.

  나는 기대에 부응하지 못하는 것 같아.

  나는 화가 나고 슬퍼.

  나는 영감을 받았어.

  내가 충분히 괜찮은 사람이 아닌 것 같아.

  나는 즐거움을 느껴.

  나는 외로움을 느껴.

- 이제 다시 부드럽게 눈을 감고, 가슴 또는 여러분을 위로하는 곳에 손을 얹습니다. 떠올랐을 괴로움이나 자격지심 같은 느낌에 대해 자기 자신에게 연민을 전해 봅니다. 여러분 자신에게 이렇게 말해 줄 수도 있습니다.

  지금 이 순간에도 나 자신을 친절하게 대하기를.

  내가 있는 그대로의 나로 충분하다는 것을 알기를.

  내가 나 자신의 가치를 알기 시작하기를.

- 자신에게 진정으로 알맞은 말을 찾는 데 어려움이 있다면, 지금 이 순간 자신과 같은 기분을 느끼고 있는 친한 친구에게 어떤 말을 해 줄지 자신에게 물어봅니다. 그런 다음 가능하다면 그 말을 자기 자신에게 들려줍니다.

- 이제 소셜 미디어 사용에서 자신을 조금 더 연민을 가지고 대하는 방법이 있을지 자신에게 물어본 다음, 떠오르는 아이디어를 글로 적어 봅니다.

만약 소셜 미디어를 확인할 때 자기 자신을 비판하게 되거나 자신을 좋지 않게 느끼게 된다는 것을 알게 되었다면, 이러한 느낌을 알아차림으로써 이후에는 소셜 미디어에서 더 건강한 선택을 할 수 있습니다. 떠올랐던 속상한 느낌에 대해 자신에게 연민을 전하는 것도 도움이 될 수 있습니다.

<blockquote>

"비교는 기쁨을 훔치는 도둑이다."
—시어도어 루스벨트

</blockquote>

소셜 미디어의 어떤 점이 우리 자신에 대해 좋지 않게 느끼게 하는 걸까요? 우리는 소셜 미디어에서는 청소년과 성인을 막론하고 많은 사람이 다른 이들과 연결되어 있다고 느낀다는 것을 알고 있지요. 친구와 연결되고, 심지어는 새로운 친구를 사귈 수도 있는 곳이 소셜 미디어기도 하고요. 하지만 앞선 연습에서 알아차렸듯 소셜 미디어에는 몇 가지 단점도 있으며, 우리를 외롭고 '부족하다'고 느끼게 만들 수도 있어요.

가장 큰 문제는 소셜 미디어가 비교를 조장한다는 거예요. 우리는 자신의 외모와 경험, 시간을 쓰는 방식, 인기도 같은 것들로 다른 사람의 삶과 우리의 삶을 비교하곤 하죠. 그리고 우리가 다른 사람들과 자신을 비교할 때, 우리가 기대에 못 미치는 것 같아 기분이 꽤 나빠지게 됩니다. 다른 사람들이 우리보다 훨씬 낫고, 똑똑하고, 매력적이고, 이 모든 걸 우리보다 더 많이 가진 것처럼 느껴지기도 하고요.

우리는 사람들이 소셜 미디어에는 언제나 자신의 가장 멋진 상태만 올린다는 것을 알면서도 그 모습과 자신을 비교합니다. 때로는 실제 모습보다 더 멋져 보이기 위해 다양한 앱이나 필터를 사용한다는 것도 알면서 말이죠. 물론 비참하다고 느끼거나 상처받았을 때, 얼굴 한가운데에 왕 여드름이 났을 때, 집에 홀로 앉아 헤드폰을 끼고 있을 때, 세상과 차단되려 할 때는 아무도 게시물을 올리지 않죠. 이런 순간들은 소셜 미디어 사이트에 올라오지 않아요.

우리 모두 우울하고, 외롭고, 소속되어 있지 않다고 느끼는 순간이 있어요. 우리 모두 인간이기 때문이죠. 기분이 가라앉는다는 건 우리가 살아 있고 인간의 몸에 머무른다는 것을 의미하기도 하고요. 그래서 우리 모두는 때때로 가라앉는답니다. 그렇다면 소셜 미디어가 우리의 기분을 더 나빠지게 한다는 걸 알면서도 우리는 왜 핸드폰을 집어 들게 되는 걸까요?

소속되고 싶다는 욕구

인간인 우리는 다른 사람들과 연결되고, 소속되고, 집단의 일원이 되고자 하는 깊은 욕구가 있어요. 원래 생물학적으로 그렇게 프로그래밍되어 있기에, 이 욕구가 우리 행동의 많은 부분에서 지침으로 작용하지요. 학교에서 형성되는 파벌도 아이들이 소속된다고 느끼기 위해 만들어지는 거예요. 넷플릭스 시리즈 '루머의 루머의 루머(13 Reasons Why)'는 우리가 타인을 받아들이고 연결되어야 하는 이유를 다루고 있죠. 그리고 패션 유행에 대해서도 생각해 보면, 특정 패션이 유행하는 건 사람들이 다른 사람이 입은 것처럼 입고 싶고, 그로써 집단의 일원이 되고 싶기에 일어나는 현상이에요. 광고 회사들은 특히 청소년 시기에 소속되고 싶은 욕구가 강하다는 걸 알기에, 청소년들의 이 욕구를 자극하는 광고를 제작하지요.

　소속되고자 하는 욕구는 진화론적 관점에서도 상당한 의미가 있어요. 결과적으로 짝을 찾고 종을 이어가려면 동료 집단 또는 부족이 필요하니까요. 그러므로 소속되고픈 원초적인 욕구는 실제로 우리가 안전한 장소, 즉 절대로 단절되었다고 느끼지 않고, 언제나 보호받는다고 느끼며, 우리가 누구인지 모두가 알고 있는 장소를 찾아내는 것을 가능케 합니다. 달리 말하자면 우리가 누구인지 알려지고 인식되면 우리가 안전하다고 느끼는 데 도움이 됩니다. 그런 점에서 친구를 사귀고 집단의 일원이 되는 건 우리의 생존에 실제로 매우 중요하지요!

　친구를 사귀고 집단의 일원이 되고 싶은 건 지극히 정상적인 바람이에요. 그저 우리가 인간이라는 의미이죠. 우리의 친구들은 우리에게 지지와 보호, 그리고 안전하다는 감각을 주니까요.

　하지만 소셜 미디어에 있으면 소속감을 위협받을 수 있어요. 우리가 집단의 일부가 아닐 수도 있을, 또는 다른 사람들이 우리보다 낫고, 따라서 우리보다 집단에 더 잘 받아들여질 온갖 방식들을 지적하기 때문이죠.

　이렇게 소셜 미디어가 여러분의 기분을 나쁘게 할 때, 소셜 미디어로 인해 내면의 비판이 자극받거나 자신을 부적절하다고 느끼거나 상실감을 느끼게 될 때 어떻게 여러분 자신을 위로할 수 있을까요? 다음 연습을 통해 그 방법을 한번 발견해 보도록 해요.

 연습: 나에게 필요한 것은?

연습 녹음 파일을 http://www.newharbinger.com/45274에서 내려받을 수 있습니다.

- 편안한 곳을 찾아 앉습니다. 어깨가 귀에서 멀어지게 떨어뜨리고, 눈을 감는 것이 편안하다면 눈을 감습니다. 몇 차례 깊이 호흡하며 편안히 자리를 잡습니다. 호흡을 서두르지 않습니다. 진정으로 휴식할 시간이 필요합니다. 숨을 쉴 때마다 의자나 소파로 조금 더 깊이 가라앉도록 자신을 허용합니다.

- 이제 잠시 다음에 대해 생각해 봅니다. 어떤 말이든 여러분의 귀에 속삭일 수 있다면, 그리고 필요할 때마다 언제든 그 말을 들을 수 있다면, 여러분은 어떤 말을 듣고 싶나요? 이 말은 그 누구와도 공유되지 않을 것입니다. 오직 자신만을 위한 말입니다. 어떤 말을 가장 듣고 싶나요?

- 아마도 다음과 같은 말일 수 있습니다.

  너는 안전해.

  너는 강한 사람이야.

  너는 받아들여졌어.

  너는 소속되어 있어.

- 이제 실제로 이 말을 듣는다고 상상해 봅니다. 이 말은 자신의 진실한 목

소리에서 나온 것이며, 따뜻하고 무조건적인 사랑으로, 흔들림 없이 강하지만 또한 부드럽고 친절한 말투로 여러분의 귀에 속삭여지고 있습니다. 계속해서 그 말들이 속삭여지는 소리를 들어봅니다.

• 아마도 다음과 같은 말일 것입니다.

너는 괜찮을 거야.

너는 너 자체로 완벽해.

너는 사랑받고 있어.

모든 게 다 잘 될 거야.

너는 필요한 모든 걸 가지고 있어.

• 이 말들을 반복하면서 때로는 위로의 손길을 전하는 것이 도움이 됩니다. 가슴에 손을 얹거나, 위쪽 팔을 쓰다듬어 볼 수도 있습니다. 주먹을 쥐어 가슴 위에 얹고, 다른 손으로 주먹을 감싸 쥐어 볼 수도 있습니다.

• 잠시 시간을 내어 이 말들에 귀 기울여 봅니다. 말들이 스며들게 내버려 둡니다. 그 말들을 계속해서 들어봅니다. 친절한 말이, 내가 꼭 들어야 하는 이 말이 스며들도록 자신을 허용해 줍니다.

• 이제 지금 내가 어떻게 느끼는지 알아차려 봅니다. 아주 조금 달라졌을 수도, 정말 많이 달라졌을 수도 있습니다. 어떤 느낌이든 그대로 괜찮습니다.

연습을 하고 나서 기분이 나아졌다면 좋겠네요. 만약 그렇지 않다면 원할 때 다시 해 볼 수도 있고, 아니면 완전히 건너뛸 수도 있어요. 중요한 점은 여러분을 진심으로 걱정하고, 여러분에게 최선을 다하고픈 자신의 진실한 목소리를 들으려는 의도를 가졌다는 것을 아는 거예요. 이 목소리를 경청하고, 주의를 기울이고, 목소리가 진정으로 말하려는 내용을 듣기 위해서는 어느 정도 용기가 필요하다는 것도 기억해 주세요. 이렇게 할 만큼 충분히 용감해졌다고 느끼는 때가 오면, 내면의 비판이나 소셜 미디어에서 들려오는 다른 목소리들은 배경으로 사라지게 될 거예요.

핸드폰에서 벗어나기…… 아주 잠깐만이라도

핸드폰과 소셜 미디어에서 한 걸음 벗어나 보는 건 흥미로운 실험이랍니다. 벗어날 수 없다고 생각되거나, 그리고 싶지 않더라도 시도해 보면 흥미로운 결과가 나타날 거예요. 바로 칼리타(Calita)가 발견했던 것처럼 말이죠.

칼리타의 이야기

칼리타는 항상 핸드폰을 달고 살았다. 인스타그램 같은 다양한 소셜 미디어 플랫폼을 둘러볼 때마다 친구들과 연결되어 있다고 느꼈다. 친구들의 게시물을 보고, '좋아요'를 누르거나 댓글을 달면 그 아래 또 댓글이 달리곤 했으니까. 그러고 있으면 기분이 좋고 사람들에게 받아들여진다고 느꼈다. 마치 한 무리의 끈끈한 친구들과 함께하는 것 같았다. 학교에서 인기 있는 아이들이 칼리타의 게시물에 댓글을 달아서 다른 아이들이 자신을 우러러볼 때면 특히 그런 기분이 들었다.

하지만 반대 순간도 있었다. 자신은 초대받지 못한 파티에서 친구들이 즐겁게 노는 사진이 올라오거나 할 때는 끔찍한 기분이 들었다. 자신이 가장 친하다고 생각했던 친구가 학교에서 낯선 아이와 팔짱을 끼고 '내 절친'이라고 태그를 단 사진을 올렸을 때는 가슴이 철렁 내려앉기도 했다.

같은 학교 여학생이 칼리타가 짝사랑하던 남학생과 영화관 앞에서 끌어안고 찍은 사진을 올렸을 때가 최악이었다. 칼리타가 2년이나 짝사랑했던 남학생하고 말이다. 그때는 온몸을 두들겨 맞은 것 같았다. 그때 칼리타는 주말 내내 방에서 나오지 않았다. 무슨 일인지 엄마에게도 털어놓지 않자, 엄마는 핸드폰이 칼리타에게 영향을 주고 있다고 걱정한 나머지 2주 동안 칼리타의 핸드폰을 가져가 버렸다. 칼리타는 자신의 인생이 끝나 버렸다고 생각했다. 친구들과의 연결이 끊겨 버렸으니까! 그리고 곧 따분해서 정신을 놓게 될 거라 생각했다.

그런데 전혀 예상치 못한 일이 일어났다. 칼리타는 자신이 즐길 수 있는 몇 가지 활동을 찾아냈고, 실제로 항상 전화기를 붙들고 있을 필요가 없다는 사실에 안도했다. 자신이 그림 그리는 걸 좋아한다는 걸 발견하게 되자 엄마가 새 미술 연필과 펜을 사 주셨다. 강아지와 함께 숲에 산책하러 가는 것에도 다시 관심을 두게 되었다. 어렸을 때는 자주 엄마와 함께 했었지만, 오랫동안 하지 않던 일이었다.

실제로 그래요. 핸드폰을 여러분 앞에 두지 않으면 모든 알림과 울림에 응답해야 한다는 부담감에서 벗어날 수 있지요. 주의를 흩트리지 않으면서 혼자만의 생각에 머물 수도 있고요. 저녁을 먹든, 친구와 대화를 하든, 숙제를 하든 지금 일어나는 일과 핸드폰 속에서 벌어지는 일 사이에서 고민할 필요 없이 자신에게 쉴 시간을 주면서 한 번에 한 가지 일만 할 수 있게 되지요.

저녁을 먹을 땐 저녁 먹기,

친구들과 대화할 땐 친구들과 대화하기,

숙제할 땐 숙제하기, 이렇게 말이죠.

여기에 관한 연구 결과는 어땠을지 짐작해 볼 수 있나요? 숙제할 때는 핸드폰을 옆방에 두면 훨씬 더 잘 집중할 수 있다고 해요. 심지어 핸드폰 전원을 꺼서 옆 탁자에 올려 두고 절대 만지지 않았을 때보다도 옆방에 두었을 때가 숙제를 더 잘 하는 것으로 나타났고요. 신기하게도 왜 이런 걸까요? 책상에 앉아서 해야 할 일에만 집중한다고 해도, 여전히 핸드폰에 신경을 쓰게 되기 때문에 아예 눈에 보이지 않는 곳에 두는 게 효과가 더 좋다고 해요.

소셜 미디어에 조종당하기 전에
내가 먼저 조절하기

다음은 소셜 미디어 사용을 조절할 수 있는 몇 가지 간단한 연습 방법이에요. 내가 하고 싶을 때는 소셜 미디어를 하고, 하고 싶지 않은 상황에서는 소셜 미디어가 나를 끌어들이지 못하게 하는 방법이랍니다.

- 알림 끄기. 정말 간단하지만 엄청난 차이를 만들어 내는 방법이에요. 원리는 단순해요. 알림이 켜져 있으면 알림이 울릴 때마다 생각의 흐름이 끊기고 소셜 미디어가 여러분을 통제하게 되거든요. 소셜 미디어에서 일어나고 있는 어떤 이야기에든 그 속으로 빨려 들어가게 되어서 원래 하고 있던 일로 다시 돌아오려면 시간이 걸리게 되지요. 한 연구 결과를 예로 들어 보자면, 숙제 같이 상당한 집중력이 필요한 일을 하고 있었을 때는 다시 시작하려면 25분 정도가 걸린다고 해요! 그리고 얼마 지나지 않아서 다시 알림이 울리겠지요. 그렇죠? 그래서 완전히 집중할 수 없고, 숙제하기는 훨씬 더 어려워져요. 하지만 알림을 꺼 놓고 쉬는 시간에만 소셜 미디어에 들어간다면, 여러분은 통제력을 가지게 되는 거예요. 언제 들어갈지를 선택하고, 어떤 게시물이 언제 올라오든 휘둘리지 않을 수 있지요.

- 계정 '뮤트'하기. 소셜 미디어 대부분은 계정을 '뮤트'할 수 있게 되어 있어요. 누군가를 '언팔'하는 것과 비슷하지만, 여러분이 그 사람을 팔로우하지 않는다는 걸 상대방이 알지 못한다는 게 차이점이죠. 그 사람의 게시물을 여러분이 더는 보지 않지만, 상대방은 그 사실을 몰라요. 이건 누군가의 게시물이 여러분을 불편하게 할 때 도움이 되는 방법이기도 해요. 만약 누군

가를 '언팔'해 버리면 이유가 무엇이든 그 사람은 여러분에게 공격받았다고 느끼게 될 수 있거든요.

스스로 책임을 지는 게 무엇보다 중요해요. 여러분에게는 자신이나 다른 누군가로부터 방해받거나, 상처받거나, 비난받지 않도록 자신을 보호할 수 있는 능력이 있거든요. 어떤 식으로든 소셜 미디어가 여러분에게 상처를 준다면 빠져들 필요가 없어요. 한 걸음 벗어나 소셜 미디어가 자신에게 어떤 영향을 미치고 있는지 살펴보고 의식적으로 다른 활동을 선택하려면 용기가 필요하겠지만, 그렇게 했다는 것에 대해 자기 자신에게 감사하게 될 거예요.

그런데 소셜 미디어가 내면의 비판을 자극해서 여러분이 소속되어 있지 않다고 느끼게 한다면 어떻게 해야 할까요? 그럴 땐 다음 연습을 한번 해 보세요. 이 연습은 세 부분으로 구성되어 있는데, 한 부분씩 해 볼 수도 있고 전체를 이어서 해 볼 수도 있답니다.

 연습: 힘겨운 감정 다루기

연습 녹음 파일을 http://www.newharbinger.com/45274에서 내려받을 수 있습니다.

1부: 길들이기 위해 이름 붙이기

- 소셜 미디어에 있으면서 기분이 불편해졌다는 것을 알아차려 봅니다. 먼저, 자신이 느끼고 있는 감정을 알아차릴 수 있나요? 다른 사람이 올린 이야기가 아니라, 자신이 느끼고 있는 그 감정을 알아차려 봅니다. 실망

스럽나요? 슬픈가요? 외로운가요? 불안한가요? 심란한가요? 아니면 그냥 지루한가요? 여러 감정을 느낄 수도 있습니다. 자신에게 솔직한 자세로 여러분의 느낌 또는 느낌들을 확인한 다음, 글로 한번 적어 봅니다.

• 긍정적인 것이든 부정적인 것이든 자신이 느끼는 것에 마음을 열고, 부드러운 목소리로 그 느낌이 무엇인지 말해 봅니다(누군가 주변에 있어 약간 이상하게 여길 수 있는 상황이라면, 속으로 조용히 말해 봅니다). 예를 들어, 여러분은 지금 외롭다고 느끼고 있을 수도 있습니다. 그렇다면 자기 자신에게 "이건 외로움이야."라고 부드럽게 말해 줍니다. 만약 긴장하고 있다면, 그저 "이건 긴장감이야."라고 말해 줍니다. 마치 여러분을 곁에서 지켜보고 그저 알아차리게 된 다른 사람이 된 것처럼 말해 봅니다.

• 원한다면, 손을 가슴이나 다른 위로가 되는 곳에 올려놓고 지지의 손길을 보내며 자기 자신에게 친절한 말을 들려줍니다. 소리 내어 부드럽게 말해 볼 수도 있고, 조용히 속으로 말할 수도 있습니다. 어쩌면 "내가 거기에 속해 있지 못한 것 같아 너무 힘들어." 또는 "눈에 띄지도 못하고 인정받지도 못하는 것 같아 정말 슬퍼. 하지만 그 느낌이 영원히 계속되는 건 아니란 것도 알아." 같은 말을 해 줄 수도 있습니다.

이런 식으로 자신의 감정을 확인하면 한 발짝 물러나서 자기 자신과 감정 사이에 거리를 만들어 내는 것과 같아서 그 감정에 소모되지 않을 수 있습니다. 아울러 우리 뇌에서 명료하고 논리적인 사고를 담당하는 전두엽 피질이 작동해서 감정적으로 될 때 활성화되는 뇌 부위인 편도체가 진정되게 해 줍니다. 그 결과 조금 덜 감정적으로, 조금 더 이성적으로 머무를 수 있게 됩니다.

2부: 치유하기 위해 느껴 보기

일반적으로 어떤 강렬한 감정을 느낄 때 몸 어딘가에서도 그 감정을 느낄 수 있습니다. 고통스러운 감정을 느낄 때 다른 방식, 즉 자기연민으로 휴식하는 방법은 그 감정과 관련된 감각이 몸 어디에 있는지 살펴보는 것에서부터 시작합니다. 이 실습은 1단계와 함께 할 수도 있고, 따로 할 수도 있습니다.

- 약간의 불편감, 긴장감, 울렁거림, 두근거림이 느껴지는 곳을 찾기 위해 머리부터 발끝까지 잠시 몸을 스캔해 봅니다. 서두르지 말고 천천히 해 봅니다.

- 목 안의 이물감이나, 뱃속의 묵직한 느낌, 또는 목에서 느껴지는 긴장감 같은 감각들을 알아차릴 수 있는지 살펴봅니다. 가슴에서 전기 박동 같은 것을 느낄 수도 있습니다.

- 느껴지는 어떤 감각이든, 그저 느껴지는 대로 알아차리며 그 감각이 거기에 있도록 허용해 줍니다.

3부: 부드럽게 하기, 개방하기

- 자신의 몸에서 감정이 머무르는 곳을 찾은 다음, 그 부위를 조금이라도 부드럽게 할 수 있는지 살펴봅니다. 따뜻한 수건을 얹어 두거나, 누군가가 부드럽게 마사지를 해 주거나, 따뜻한 욕조에 그 부분을 담그고 있는 장면 등을 상상해 봅니다.

- 이제 호흡을 들이쉬면서, 부드럽고 따뜻한 무언가가 들숨과 같이 들어와 긴장과 불편감을 느끼는 이곳으로 곧바로 향한다고 상상해 봅니다. 근육이 이완되는 것을 느껴 봅니다. 더 많은 공간과 숨 쉴 자리가 만들어

집니다.

- 그 느낌이 거기에 있도록 허용하면서, 몸에서 느껴지는 그 감각을 느끼도록 자신을 허용하면서, 그 느낌에 '열려' 있을 수 있는지 살펴봅니다. 그 감각이 거기에 있도록 내버려 둡니다. 그리고 지금 느끼고 있는 것이 무엇이든 함께 머무르도록 자신을 허용해 줍니다.

- 지금 기분이 어떤지 잠시 알아차려 봅니다. 몸 전체가 조금은 덜 무겁게 느껴지고, 조금은 더 가벼워졌다고 느낄 수도 있습니다.

우리의 느낌으로 향하면서 거기에 있는 무엇이든 느껴 보도록 자신을 허용해 주려면 어느 정도 용기가 필요할 거예요. 때로는 그다지 기분 좋지 않은 감각일 수도 있어서 용기가 필요하기도 하고요. 외로움이나 공허함, 슬픔 같은 것들일 수도 있거든요. 하지만 열린 자세로 받아들이며 그 감각들로 향해 보면 존재하는 어떤 느낌이든 괜찮다는 걸 깨닫게 될 거예요.

우리는 이 힘겨운 감정들과 함께 살아갈 수 있어요. 자연스러운 일이고, 현실이며, 우리 모두 때때로 경험하고 있는 인간경험이니까요. 좋지 않은 기분이더라도 인정하고 느껴 보도록 자신을 허용해 주면 그 느낌이 저절로 조용히 사라진다는 걸 알아차리게 될 거예요.

연습: 나를 위한 순간

연습 녹음 파일을 http://www.newharbinger.com/45274에서 내려받을 수 있습니다.

다음은 소셜 미디어의 누군가 또는 어떤 것이 여러분의 기분을 나빠지게 할 때 활용할 수 있는 또 다른 연습입니다. 자기 자신을 위한 시간을 잠시 가져 봅니다.

- 첫째, 자신이 느끼고 있는 것이 무엇이든 인정해 봅니다. "나는 지금 상처받았어. 어디에도 속하지 못한 것 같아. 진짜 끔찍한 느낌이야."와 같은 말을 자신에게 들려줄 수 있습니다. 이것은 자기연민의 첫 번째 요소인 마음챙김입니다.

- 둘째, 우리는 모두 연결감과 소속감을 느끼고 싶어 하기에 가끔 이런 감정을 느끼게 된다는 점을 기억합니다. 인간 존재라면 모두 어딘가에 소속되어 있다고 느끼고 싶어 합니다. 이것은 우리에게 생물학적으로 새겨져 있는 바람입니다. 그러니 자신에게 이렇게 들려줄 수 있습니다. "나는 혼자가 아니야. 상처받고 소외되었다고 느끼는 건 정상적인 거야. 기분이 좋지 않을 수도 있지만, 우리 모두 가끔은 이렇게 느껴." 이것은 자기연민의 두 번째 요소인 보편적 인간경험입니다.

- 셋째, 좋은 친구라면 여러분에게 어떤 말을 해 줄지 생각해 봅니다. 또는 자신의 진실한 목소리를 들을 수 있는지 그저 조용히 살펴봅니다. 그 목소리는 여러분에게 지금 이 순간 가장 필요한 말을 들려줄 것입니다. "너는 있는 그대로도 완전히 괜찮은 사람이야. 바뀌어야 할 필요가 조금도 없어. 누구도 완벽하진 않아." 같은 말을 해 줄 수도 있습니다. 자신에게

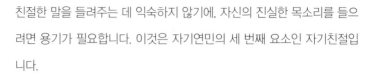

친절한 말을 들려주는 데 익숙하지 않기에, 자신의 진실한 목소리를 들으려면 용기가 필요합니다. 이것은 자기연민의 세 번째 요소인 자기친절입니다.

자신에게 친절하게 대하기

소셜 미디어에 접속해 있을 때 기분이 어떤지 계속 자각해 보세요. 그저 잠시 멈추고 소셜 미디어가 여러분에게 어떤 기분이 들게 하는지 자각해 보고, 만약 여러분을 슬프게 하거나, 단절되게 하거나, 자기비판을 하게 한다면 자기 자신을 위해 무언가를 해 보세요. 만약 소셜 미디어를 하면서 기분이 좋아졌다면, 그대로 하면 돼요!

마무리

자신에게 친절해지려 한다면, 여러분 자신에게 최고의 지지자가 되어 주는 것이 중요하다는 걸 기억해 주시길 바라요. 여러분 자신을 옹호하고, 상처를 받았다면 친절하게 대하는 거예요. 무엇이 여러분의 기분을 좋지 않게 하는지 알아차리고, 자신의 삶에서 그것을 가지고 갈지, 놓아 줄지를 의식적으로 결정한다는 걸 의미하지요.

소셜 미디어 측면에서 보자면, 여러분에게는 언제, 어떻게 소셜 미디어를 사용할지 선택할 수 있는 힘이 있어요. 이 장에서 소개했던 여러 도구를 통해 자신과 다른 사람을 비교하는 걸 멈추고, 소셜 미디어가 여러분에게 어떤 기분을 불러일으키는지 알아차리며, 필요하다면 휴식을 취할 수도 있을 거예요. 소속되고 받아들여지고픈 인간의 욕구는 우리 삶의 여러 현장에서 작동하지요. 소셜 미디어에서는 훨씬 더 그렇고요.

다음 장에서는 소속되고 받아들여지고픈 욕구가 분명히 드러나는 또 다른 상황에 대해 다룰 거예요. 바로 다른 사람과의 관계에 관한 내용이에요. 친구나 가족과의 관계에서 빚어지는 오해와 갈등은 심한 고통을 안겨 주곤 하는데, 자기연민은 이런 힘든 시기를 맞닥뜨렸을 때 여러분 자신을 지지할 수 있는 훌륭한 자원이랍니다.

07

힘겨운 관계 다루기

친구들, 부모님, 연애. 청소년기에 맺는 관계는 변화가 전부라고 해도 과언이 아니에요.

한번 생각해 볼까요? 열 살 때쯤엔 주위 어른들이나 형제자매 한두 명과 함께 지내는 데 익숙했을 거예요. 학교에 가지 않을 때 함께 시간을 보내는 사람들이 이들이기도 했죠.

하지만 청소년이 되자 또래가 이 역할을 넘겨받게 되었고, 어른들은 여러분의 인생에서 뒤로 물러나 조금씩 희미해졌지요. 그분들은 여전히 그곳에 있지만, 더는 여러분 인생 무대의 앞줄이나 중앙에 위치하지 않아요. 사실 가끔은 여러분을 정말로 짜증스럽고 귀찮게 하기도 하지요. 그분들은 여러분을 이해하지 못하는 것 같고, 때로는 여덟 살짜리 애처럼 여러분을 대하기도 하니까요. 여러분이 지난 몇 년 동안 얼마나 성장하고 성숙해졌는지 알지 못하는 것처럼 말이죠.

반면에 여러분의 친구들은 꽤 멋지죠. 여러분을 알아주잖아요. 여러분이 받는 학업의 어려움, 사회적 상황, 청소년으로 살아가면서 겪는 일반적인 스트레스 같은 압박감을 이해해 주니까요. 친구들은 여러분의 말을 경청하고 이해해 주지요.

그렇다면 왜 이 모든 변화가 청소년기에 일어나는 걸까요? 무슨 일이 벌어지고 있는 걸까요?

청소년기에 관계가 변화하는 건 진화적, 생물학적인 이유가 있어요. 여러분이 어린아이였을 때는 여러분을 돌보고 보호해 줄 가족이 필요했어요. 갓난아이는 혼자 생존할 수 없고, 인간 사회의 아이들에게는 먹이고 입히고 옳고 그름을 가르치며 우리 사회에서 어떻게 기능할지 보여 줄 어른들이 필요하니까요. 그리고 나이가 들어 청소년이 되면 배워야 할 또 다른 과업이 있어요. 그리 멀지 않은 (믿든 아니든) 시기에 어른이 되었을 때 해야 하는 방법들을 배워야 하죠. 여러분의 뇌는 성인이 될 준비를 하기 위해 많은 리모델링을 거치게 된답니다.

청소년기의 뇌에서 일어나는 변화

영유아기 아이들은 많은 것을 배우고 적응해야 하므로 이 시기 우리의 뇌는 양적으로 엄청난 성장을 하게 돼요. 그러려면 많은 뉴런(뇌 신경세포)과 시냅스(뇌 신경 사이에 화학 신호가 전달되는 공간)가 필요하지요. 이러한 급속한 성장은 아동기가 되면 느려지고, 사용하지 않는 신경 경로는 사라지게 되는 '가지치기' 과정도 일어나기 시작해요. 이러한 신경 연결의 변화는 '사용하지 않으면 잃게 된다'라고 표현되지요. 우리의 뇌가 더욱 효과적으로 정보를 처리하기 위한 과정이에요.

예를 들어, 외국어 공부를 계속하지 않으면 그 시냅스 경로를 사용하지 않게 되어 결국 그 경로가 가지치기로 날아가게 돼요. 물론 그렇다고 절대 다시 외국어를 배우지 못하게 된다는 의미는 아니지만, 성장한 다음에 외국어를 다시 공부하려면 어렸을 때보다 배우기가 더 힘들 수도 있다는 거죠. 어린아이들이 어른들보다 외국어를 더 빨리 배울 수 있다는 사실을 여러분이 이미 눈치채고 있을지도 모르겠네요.

비슷한 의미에서 특정 시냅스 경로를 많이 사용하면 그 경로는 강화돼요. 예를 들어, 어떤 운동 종목을 계속하면 협응 기능 같은 해당 운동을 하는 데 필요한 시냅스 경로가 더 강화되지요. 우리 뇌는 가지치기와 강화하는 과정을 계속해가기 때문에 여러분이 청소년기에 하는 모든 활동에 특히 민감하답니다. 그래서 청소년기에 하거나 하지 않은 모든 활동이 뇌 발달에 영향을 주게 돼요.

청소년기에 뇌에서 일어나는 또 다른 변화로는 뇌 신경세포를 '수초 피복'이라고 불리는 것이 감싸는 현상이 있어요. 지방질로 구성된 이 피복은 뉴런이 메시지를 더 빠르고 효율적으로(실제로 100배는 빠르게) 주고받도록 도와주는 역할을 해요. 화학 신호 메시지가 점화되는 사이에 갖는 휴지기도 30배 더 빨라지게 되지요. 즉, 수초화 이후에 전달되는 메시지는 수초화 이전보다 3천 배나 빠르다는 거죠! 가지치기와 수초화의 모든 과정은 뇌가 더 잘 협응하며 효율적으로 작동하게 해 준답니다.

동시에 우리 뇌의 전두엽 피질(계획, 의사결정, 논리적 사고를 담당하는 부위)은 11세에서 12세 무렵부터 더 빨리 발달하기 시작해서 청소년기 동안 계속 변화하며 25세가 되었을 때까지도 발달을 멈추지 않아요. 여러분이 성인이 되었을 때 해야 할 '어른의 결정'을 준비하는 과정이죠.

우리 뇌에는 감정의 중추 역할을 하는 변연계도 있는데, 여러분이 자신을 보호해야 한다고 느끼거나 두려움을 느낄 때 활성화되는 부위예요. 변연계 또한 11세에서 12세 무렵에 전두엽 피질과 동시에 변화를 시작하죠. 하지만 15세나 16세가 되면 변연계는 거의 발달을 마치게 돼요. 그래서 만약 여러분이 청소년기가 되자 예전보다 더 감정적으로 변한 것 같다면, 바로 여러분 뇌의 감정 중추는 완전히 발달되었지만 논리적인 사고를 하는 부위는 아직 발달 중이기 때문일 거예요. 논리적 사고를 담당하는 부위, 즉 전두엽 피질은 뇌에서 감정을 담당하는 부위를 '진정시켜' 주는데, 그 부분이 아직 덜 발달되었다면 진정이 잘 안 될 수 있죠.

그러니 여러분의 감정이 때때로 통제 불능 상태가 되는 건 당연한 일이에요! 하지만 두려워하지 않아도 돼요. 결국 전두엽의 따라잡기 성장을 통해 여러분의 놀라운 뇌는 다시 한번 균형을 잡게 될 테니까요.

이 모든 과정이 여러분의 청소년기에 뇌에서 일어나고, 여러분의 감정과 행동에도 자연스레 영향을 주게 된답니다. 뇌가 어른이 될 준비를 하는 동안 여러분의 태도와 행동도 따라서 변화하게 되는 거죠. 부모님과 가족은 비중이 줄어들고, 여러분과 함께 아이를 가져서 종족을 이어나갈 누군가가 있을 또래 집단의 비중이 더 커지게 되는 거예요.

지금쯤 여러분이 어떤 생각을 하고 있을지 짐작할 수 있어요. 모든 사람이 아이를 갖는 것도 아니고, 아이를 갖는 게 여러분 인생의 전부도 아니죠. 여러분이 계획하고 있는 건 이보다 훨씬 더 클 테고요. 물론 다 맞는 말이에요. 단지 생물학과 진화의 관점에서 보자면 종족을 유지하는 것이 모든 것이 핵심이라는 걸 말하는 거예요. 대자연은 우리 종족의 생존을 보장하기 위해 이 시스템을 설계하였답니다.

자, 이래서 친구 집단이 엄청나게 중요해지게 됩니다. 친구들은 우리의 생존에 필요한 존재이기 때문이에요. 친구 집단으로부터 소외당하는 모든 상황에서 우리는 엄청나게 위협받고, 상처받고, 두려움을 느끼게 되지요.

레일라의 이야기

레일라(Leila)는 자신이 속해 있는 아이들 무리가 멋지다고 생각했다. 정말이었다. 가끔 누군가가 어떤 이유로 다른 아이에게 미친 듯이 화를 냈다가 모임에서 제외되기도 했다. 하지만 이런 일은 레일라에게는 한 번도 일어난 적이 없었다.

적어도 지금까지는.

사건은 여느 날과 다름없는 저녁에 시작되었다. 레일라는 침대에 앉아 핸드폰을 옆에 두고 숙제를 하고 있었다. 가끔 수학 문제가 지겨워지면 뭔가 새롭고 신나는 일이 있는지 알아보려 핸드폰을 집어 들었다. 바로 그때, 친구 중 하나가 다른 여러 친구와 누군가의 집에서 놀고 있는 사진을 올린 걸 알게 되었다. 친구들은 너무나 즐거워 보였다.

레일라가 없는데도.

다른 친구들 모두 거기에 있었다. 자연스럽게 왜 자신이 초대받지 못했는지 궁금해졌다. 내가 누군가를 화나게 하는 말을 했었나? 레일라에게 익숙한 내면의 비판 목소리가 나타났다. "이번에는 무슨 짓을 한 거야?"

레일라는 가슴이 철렁 내려앉는 것 같았다. 혼란스럽고 매우 외로웠다. 무엇보다 최악인 건 무슨 일이 일어나고 있는 건지, 왜 자신이 끼지 못했는지 모른다는 것이었다.

그래도 레일라가 자기연민 수업을 들었고, 무엇을 해야 할지 기억해 낸 건 다행스러운 일이었다.

먼저, 자신을 지지하는 손길을 전했다. 자신의 왼쪽 가슴에 손을 얹고 심장 주변으로 작은 원을 그렸다. 신체 감각으로 주의를 가져오면 자신의 마음속 이야기, 즉 자신이 친구에게 어떻게 상처를 주게 된 것인지, 그리고 친구들이 어떻게 자신을 싫어하게 되어 버린 것인지와 같은 이야기들이 사라진다는 걸 기억해 낸 것이었다. 하지만 그 이야기들은 때때로 주의 속으로 다시 몰래 돌아오곤 했고, 그럴 때면 레일라는 "생각은 사실이 아니야."라는 말을 되뇌었다. 그런 다음 다시 가슴에 얹은 손의 따뜻한 감각으로 돌아왔다. 가슴 부위에서 그려지는 둥근 원에서 느껴지는 따뜻함과 지지의 손길은 레일라의 기분이 조금 나아지는 데 도움이 되었다.

레일라는 자신에게 자기연민의 핵심 질문을 던질 수 있었다. 지금 이 순간 나에게 가장 필요한 것은 무엇일까? 내가 들을 필요가 있는 말은 무엇일까?

이렇게 하면서 들려올 말을 잠시 기다리자, 내면 깊은 곳에서 자신의 진실한 목소리가 하는 말을 들을 수 있었다. 떠오른 말들은 조용하고 부드러웠고, 거의 속삭임에 가까운 목소리였다. "너는 사랑받고 있어…… 너는 사랑받고 있어…… 너는 사랑받고 있어."

그리고 나서 또 다른 생각도 떠올랐다. 레일라가 들을 필요가 있던 다른 말이었다. "너는 너 자체로 정말 멋져." 레일라는 자신에게 몇 분 동안 조용히 이 말을 반복해서 들려주었다. "너는 너 자체로 정말 멋져." 그러자 레일라는 수학 숙제로 돌아갈 수 있을 만큼 충분히 진정되었다.

하지만 때때로 그 사진에 대한 생각이 머릿속에 갑자기 떠올랐고, 그럴 때면 레일라는 다시 뱃속 한 구석이 메슥거리는 느낌을 받았다. 이런 상황이 오면 레일라는 다시 가슴에 손을 얹고 신체 감각으로, 또는 자신이 들을 필요가 있는 말들로 돌아갔다.

느낌을 확인하고 그 느낌에 이름을 붙이면 뇌의 전두엽 피질이 작동해서 감정 중추인 변연계가 진정된다는 사실이 레일라에게 떠올랐다. 레일라는 그 연습을 한번 해 보기로 했다. 지금 내가 느끼고

있는 게 무엇이지? 상처받음, 분노, 외로움…… 어떤 게 가장 강하
지? 세 가지 감정 모두 분명히 존재하고 있었기에, 결정하는 데만
몇 분이 걸렸다. 마침내 분노가 떠오른 것으로 결정을 내렸다. 레일
라는 부드러운 목소리로 그 느낌에 이름을 붙이고 이렇게 말했다.
"분노야, 레일라, 이건 분노야. 이건 바로 분노의 느낌이야." 그리고
또 다른 생각이 올라왔다. "분노는 인간의 정상적인 감정이야. 우리
는 모두 때때로 분노를 느껴."

레일라는 분노가 어디에 머물고 있는지 살펴보려 몸을 스캔했
다. 뱃속에 이르자 분노가 그곳에 있다는 게 분명해졌다. 뱃속 깊은
곳에서 엄청나게 묵직한 무게감이 느껴졌다. 레일라는 마음을 열고
느낌을 부드럽게 하는 것을 기억해 냈고, 처음에는 놀이용 점토처
럼, 나중에는 케이크 반죽처럼 그 느낌이 부드러워지는 걸 상상했
다. 그러고 나서는 따뜻함으로 그 느낌을 감싸고, 그저 느낌이 거기
에 머무르도록 많은 공간을 내어 주었다. 느낌에 저항하지도, 느낌
을 밀어내지도 않았다. 곧 그 느낌이 힘을 잃고 약해지기 시작했다
는 걸 알아차리게 되었다.

레일라는 다시 한번 숙제로 돌아왔다. 주의를 흩트리는 생각이
떠오르거나, 분노 같은 강한 감정이 올라오는 것을 알아차릴 때면
다시 감정에 이름을 붙이고, 몸에서 그 느낌을 찾고, 마음을 열고 부
드럽게 하는 연습으로 돌아가곤 했다.

분노와 화 다루기

　분노와 화가 강렬한 감정이라는 건 굳이 말할 필요도 없겠지요. 분노 경험은 인간경험의 일부라고 볼 수 있어요. 어떤 사람들은 분노가 나쁜 것이라는 인상을 가지고 있지만, 분노가 부정적인 경우는 다른 존재나 자신을 해치는 행동으로 이어질 때뿐이에요. 만약 분노가 여러분을 불의에 맞서 싸우게 하거나 자신을 위해 나서는 행동을 하게 한다면 그때는 분노가 좋은 것일 수도 있고요. 분노는 많은 사람이 시민권을 위해 투쟁하고, 노예제도를 끝내게 하는 등 많은 사회운동에 참여하도록 이끌었어요.

　하지만 분노는 그보다 더 부드럽고 취약한 감정을 감싸고 보호하는 딱딱한 감정으로 여겨진답니다. 부드러운 감정은 여러분을 취약하다고 느끼게 하므로, 먼저 화를 내게 되는 거예요. 더는 상처받지 않게 자신을 보호하기 위해서요.

　더 부드러운 감정이란 무엇일까요? 외로움, 상처받음, 두려움, 실망감, 슬픔, 비통함 같은 감정들을 더 부드럽고 취약한 감정이라 볼 수 있어요. 우리가 이런 감정을 느낄 때면 화를 내게 되는데, 화가 가진 힘이 고통스러운 부드러운 감정으로부터 우리를 보호해 주는 것처럼 느껴지기 때문이죠. 우리에게 강하다는 감각을 주고, 다시는 상처받지 않게 하는 방패를 쥐여 주는 거예요.

　그런데 이 방식에는 몇 가지 문제가 있어요. 하나는 우리가 경험하고 있는 상처, 슬픔, 비통함에서 진정으로 치유되려면 그 감정들을 느끼도록 자신을 허용해 주어야만 하는데, 분노는 우리가 그렇게 하지 못하게 해요. 오히려 방해할 뿐이죠. 또 다른 문제는 분노가 좋은 느낌이 아니라는 거예요. 분노를 느낄 때는 마치 우리의 분노가 화나게 한 상대방의 가슴을 명중할 마법의 독화살인 듯 분노를 통해 복수하고 있다고 생각하게 되죠. 하지만 현실은 어떨까요? 분노가 가져오는 이 끔찍한 감정으로 우리가 고통받는 동안, 우리를 화나게 한 사람은 우리의 화를 전혀 모를 수도 있어요.

물론 지금은 자신의 취약함과 상처에 마음을 열 준비가 되어 있지 않을 수도 있어요. 적어도 아주 잠깐만이라도 고통과 함께 머무를 준비가 될 때까지는 마음을 더 보호해야 할 수도 있고요. 그걸로도 괜찮아요. 서두를 필요가 없고, 여러분 자신을 비롯한 어떤 존재도 해치지 않는다면 화를 내도 괜찮아요.

만약 분노에서 벗어나 분노를 조금이라도 탐색해 볼 준비가 되었다면, 다음 연습을 한번 살펴보길 바라요.

 ### 연습: 분노를 탐색하고 충족되지 않은 욕구 충족시키기

연습 녹음 파일을 http://www.newharbinger.com/45274에서 내려받을 수 있습니다.

이 연습에는 펜과 종이가 필요합니다.

• 눈을 감고 여러분을 화나게 하는 상황을 생각해 봅니다. 분노를 내려놓을 준비가 되었는지 스스로 점검해 봅니다. 분노가 자신을 불편하게 하나요? 화를 내는 것에 지쳤나요? 계속 화를 내는 게 기운 빠지게 하나요?

분노가 더는 도움이 되지 않나요? 그리고 여러분이 알고 있듯이, 분노를 내려놓는 것이 상대방이 옳다는 것을 의미하지는 않습니다. 여러분은 여전히 여러분이 옳고, 상대방이 틀렸다고 믿고 있을 수 있습니다. 분노를 내려놓는다는 것은 그저 여러분이 분노에서 벗어날 준비가 되었다는 것을 의미할 뿐입니다.

• 만약 자신이 분노를 내려놓을 준비가 되었다고 생각한다면, 그 상황을 간단하게 글로 적어 봅니다.

• 여러분이 느끼는 그 방식이 완전히 자연스럽다는 것을 알길 바랍니다. 자기 자신에게 이렇게 말해 줄 수도 있습니다. "물론 화날 만해. 너무 아팠단 말이야! 너는 화낼 권리가 있어!"

• 때로는 다른 감정을 느끼고 싶지 않아서 화를 붙들고 있기도 합니다. 분노가 감싸고 있을지도 모르는 부드러운 감정, 즉 슬픔, 외로움, 상처받음, 또는 수치심이나 당황스러움 같은 다른 감정들을 생각해 봅니다. 잠시 분노 아래에 어떤 다른 취약한 감정이 숨어 있는지 탐색해 봅니다. 그 부드러운 감정들을 글로 적어 봅니다.

• 다시 눈을 감고, 이 상황에서 자신에게 필요한 것이 무엇인지 잠시 생각해 봅니다. 나에게 필요했지만, 얻지 못했던 것은 무엇인가요? 어쩌면 들리고, 보이고, 인정받을 필요가 있었을지도 모릅니다. 어쩌면 집단의 일원처럼 소속감이나 연결감이 필요했을지도 모릅니다. 여러분이 느끼는 것이 무엇이든 자연스럽다는 걸 기억하길 바랍니다. 모든 청소년, 물론 모든 어른도, 욕구를 가지고 있습니다! 자신에게 필요했었지만 얻지 못했던 것을 발견했다면, 그것을 글로 적어 봅니다.

- 원한다면 손을 가슴 위에 얹고, 자신을 지지하는 손길과 함께 친절함과 따뜻함을 자기 자신에게 제공해 봅니다. 이러한 감정들은 편하지 않습니다. 우리는 그 감정들을 없애려는 것이 아니라, 약간의 따뜻함과 친절함, 그리고 이해심을 가지고 그저 만나고 있습니다.

- 이제 여러분 자신의 욕구를 직접 채워 봅니다. 예를 들면 다음과 같습니다.

  만약 자신이 보이지 못했다고 느꼈다면, 자신에게 "나는 너를 보고 있어."라고 말해 줄 수 있을까요?

  만약 외롭다고 느꼈다면, 자신에게 "나는 널 위해 여기 있어."라고 말해 줄 수 있을까요?

  만약 사랑받지 못했다고 느꼈다면, 자신에게 "나는 너를 사랑해."라고 말해 줄 수 있을까요?

- 달리 말해 보자면, 다른 사람들로부터 받고 싶었던 것들을 바로 지금 자기 자신에게 줄 수 있을까요? 정말 듣고 싶었던 말을 자신에게 해 줄 수 있을까요? 자신의 진실한 목소리로부터 우러나오는 그 말들을 들으며 조용히, 천천히, 자신에게 속삭여 줄 수 있습니다.

- 준비가 되면 부드럽게 눈을 뜹니다.

이 연습을 마친 다음 여러분의 기분이 어떤지 알아차려 보세요. 자신의 감정이 약간 변화했다는 걸 알아차릴 수도 있어요. 화가 조금 덜 난다거나, 예전만큼 화의 에너지가 크지 않다는 미묘한 느낌이 들 수도 있어요. 화내는 것을 그다지 신경 쓰지 않는 듯 말이죠. 변화는 보통 한꺼번에 일어나지 않아요. 연습과 명상이 마법의

약인 것도 아니고요. 오히려 연습은 여러분의 분노를 내려놓는 과
정을 시작할 수 있는 문을 열어 주는 방법이라고 볼 수 있어요. 조
금씩 조금씩, 살짝 살짝, 상대방에 대한 여러분의 태도나 상황의 변
화를 알아차리게 될 거예요. 그러다 보면 어느 날, 더는 화가 나지
않는다는 걸 깨닫게 될 거고요……. 화낼 생각을 하는 것에 에너지
를 쓸 가치가 없다는 걸 알게 될 거예요.

부모님과의 관계

친구들에게만 화를 내게 되는 건 아닐 거예요. 거의 모든 청소년
이 때때로 부모님에게 엄청 화가 난다고 하거든요.

청소년기에는 부모님과의 관계에서도 변화가 일어나요. 부모님
들이 극도로 고리타분한 사람처럼 보일 수도 있고, 완전히 짜증스
럽게 느껴지기도 하죠. 여러분이 누구인지, 얼마나 변했는지, 어떤
사람인지 전혀 모르시는 것 같기도 하고요.

✉ 조의 이야기

조(Zoe)는 부모님과 꽤 잘 지내는 편이었다. 하지만 요즘 들어
집에서 많은 갈등이 생겼고, 부모님은 조가 상담 치료를 받아야 할
것 같다고 생각하게 되었다. 조는 치료자에게 이렇게 말했다.

"부모님하고 지내는 게 그렇게 나쁘진 않았어요. 그런데 갑자기

엄청 엄격해지신 거예요. 핸드폰을 밤 9시에 반납하래요. 9시요! 그때부터 친구들이랑 채팅하고 업데이트를 시작하는데 말이에요. 거기서 빠지게 되면 다음 날 학교에 갔을 때 무슨 일이 일어났는지 아무것도 몰라서 정말 소외당하는 느낌인데. 거기다 엄마는 제가 열다섯 살이 될 때까지 연애하지 말래요. 말도 안 돼요! 지금도 만나는 애가 있는데, 2년은 더 지나야 열다섯 살이 된단 말이에요. 아빠는 제가 입는 옷에 너무 심하게 집착하세요. 패션이야 당연히 신경 안 쓰시죠. 구멍 난 청바지나 짧은 치마 같은 유행하는 옷을 못 입게 하신다니까요. 당연히 타투나 피어싱은 엄두도 못 내죠. 말도 못 꺼내요."

어떤 변화가 일어난 걸까? 왜 부모님은 조가 자신만의 생각과 스타일을 만들어 내려고 하자 엄격해지시게 된 걸까? 왜 조가 하고픈 대로 두지 않으시는 걸까?

무슨 일이 일어나고 있는지 이해하려면 청소년기 부모님의 '과업'과 청소년의 '과업'이 각각 무엇인지 알아보아야 해요.

부모님의 과업 먼저 살펴볼게요. 부모님이나 보호자들(적어도 좋은 의도를 가진 분들)은 자신들의 과업이 아이들을 안전하게 지키는 것이라고 여겨요. 그분들의 결정은 자신을 생존하게 하고, 문제가 일어나지 않게 하고, 건강을 유지하게 해 주는 생각들에 근거를 두고 있죠.

이번에는 청소년의 과업을 살펴볼까요? 청소년의 과업은 자신이 세상에서 무엇이 되고 싶은지 알아내는 거예요. 무엇이 자신에게 중요한지, 경력이나 직업으로 이어질지, 어떤 사람들과 평생 함께하고 싶은지 알아야 하죠. 그러려면 탐험을 해야 해요. 다른 패션이나 스타일의 옷도 입어 보아야 하고, 다른 활동도 해 보고, 다양한 친구들도 사귀어 보고, 심지어는 위험을 감수하기도 하죠. 누군가에게는 건강하지 못한 위험을 감수하는 것까지 의미하기도 해요.

바로 이 지점에서 갈등이 생겨나요. 부모님은 여러분을 안전하게 지켜 주길 바라고, 여러분은 새로운 것을 시도하길 바라죠. 새로운 시도 중 일부는 부모님들이 위험하다고 여기는 것들이고요. 여러분들은 위험하지 않다고 생각하겠지만, 부모님에겐 그렇게 느껴져요. 여러분을 사랑하는 그분들이 듣게 되는 이야기들은 한 청소년이 온라인에서 알게 된 누군가를 만나러 갔다가 냉동고에서 수천 토막이 난 채 발견되었다는 내용 같은 것들이거든요. 그래요, 그런 일이 여러분에게 일어나지 않을 거라는 건 저도 알지만, 부모님들은 두려워하고 계세요. 이성적이든 아니든, 부모님들 대부분이 가지고 있는 두려움이죠.

그렇다면 부모님과 청소년이 이러한 갈등을 함께 극복하려면 어떻게 해야 할까요? 어떻게 하면 서로를 그저 가능한 한 갈등을 최소화하는 방법을 찾으려 애쓰는 또 다른 한 사람으로 바라볼 수 있을까요? 2장에서 배웠던 '나와 같은 사람' 연습을 기억하나요? 이번에는 무작위로 누군가를 떠올리는 대신, 여러분을 조금은 지긋지긋하게 만드는 부모님이나 보호자를 떠올려 보세요.

명상: 나와 같은 사람—부모님과 보호자

명상 녹음 파일을 http://www.newharbinger.com/45274에서 내려받을 수 있습니다.

- 먼저 편안한 곳에 앉아 깊게 천천히 몇 차례 호흡합니다. 숨을 들이쉬고 내쉴 때마다 호흡의 움직임을 느껴 봅니다. 천천히 합니다.

- 이제, 부모님이나 보호자의 이미지를 떠올려 봅니다. 할 수 있는 만큼 자세히 떠올려 봅니다. 그리고 지금 무엇이 느껴지든, 여러분과 편안한 거리를 두고 있다고 상상해 볼 수 있습니다.

- 부모님이나 보호자를 생각하면서 다음 문구를 천천히 마음속으로 반복해 봅니다. 서두르지 않고 시간을 들여서 문구가 정말로 여러분에게 스며들도록 하는 것이 매우 중요합니다. 반복하면서 문구의 의미에 대해 생각해 봅니다.

"엄마/아빠/나의 보호자(적절하다고 여겨지는 호칭을 선택)는 나처럼 그저 한 인간일 뿐이다."

"엄마/아빠/나의 보호자는 나처럼 몸과 마음을 가지고 있다."

"엄마/아빠/나의 보호자는 나처럼 느낌과 감정, 생각을 가지고 있다."

"엄마/아빠/나의 보호자는 나처럼 때로 슬프고, 실망하고, 화가 나고, 상처받고, 헛갈리는 순간이 있다."

"엄마/아빠/나의 보호자는 나처럼 고통과 불행에서 벗어나고 싶어 한다."

"엄마/아빠/나의 보호자는 나처럼 안전하고, 건강하고, 사랑받기를 원한다."

"엄마/아빠/나의 보호자는 나처럼 행복하기를 원한다."

- 이제 이 사람을 향해 자연스럽게 올라오는 몇 가지 바람을 허용해 봅니다.

"엄마/아빠/나의 보호자에게 인생의 힘든 시간을 지탱해 줄 힘과 자원, 그리고 조력자들이 있기를 바랍니다."

"엄마/아빠/나의 보호자가 고통과 괴로움에서 벗어나기를 바랍니다."

"엄마/아빠/나의 보호자가 강해지고 안정되기를 바랍니다."

"엄마/아빠/나의 보호자가 행복하기를 바랍니다. 왜냐하면 이 사람은 나와 같은 한 인간이기 때문입니다."

- 몇 차례 깊이 숨을 쉬면서 어떤 느낌이 드는지 알아차려 봅니다.

- 준비가 되면 부드럽게 눈을 뜹니다.

여러분에게 나타난 무언가에 놀라지는 않았나요? 부모님이나 보호자에 대한 여러분의 감정에 약간의 변화가 일어났다는 걸 알아차렸을지도 모르겠네요. 느끼고 있는 게 무엇이든 그 느낌을 밀어내지 말고 느낌이 거기에 있도록 허용해 주세요. 그 느낌에 대해 여러분이 해야 할 일은 아무것도 없답니다. 단지 그 느낌을 위한 공간을 마련해 주기만 하면 돼요. 가슴이나 위로가 되는 다른 곳에 손을 얹고 자신에게 약간의 연민을 줄 수도 있고요.

때로는 '나와 같은 사람'을 연습하지 못할 정도로 좌절감이나 분노를 경험할 수도 있어요. 그럴 때는 다음 연습으로 시작해 보는 게 더 나을 거예요. 그러고 나서 준비가 되었다고 느끼면 '나와 같은 사람' 연습을 이어서 하면 돼요.

연습: 자기연민 일광욕

- 먼저 편안한 자세로 앉아 안정되고 이완하는 호흡을 몇 차례 해 봅니다. 숨을 내쉴 때마다 몸에 있는 스트레스와 긴장을 조금씩 내보냅니다. 숨을 내쉴 때마다 긴장을 조금씩 더 내보내 봅니다.

- 이제 자신이 아름답고 이국적인 해변에 있다고 상상해 봅니다. 앞에 보이는 바다는 구름 한 점 없는 연한 푸른 빛 하늘을 배경 삼아 짙은 청록빛을 띠고 있습니다. 모래 위에 눕자 피부에 따스한 햇볕이 느껴집니다. 마치 스펀지처럼 피부가 태양의 온기를 흠뻑 빨아들이는 것이 느껴집니다. 아주 완벽한 따뜻함이라, 너무 뜨겁지도 않고 여러분의 피부에 딱 맞게 느껴집니다. 사실, 이 따뜻함은 바로 지금 여러분에게 필요한 것입니다.

- 이곳에 누워 있는 동안, 따뜻함과 함께 어떤 느낌이 다가오고 있는 걸 알아차려 봅니다. 여러분을 감싸고, 안아 주고, 지지해 주는 그런 느낌입니다. 너무나 차분하고, 모든 것을 이해하는, 평화로운 느낌입니다. 그리고 정확하진 않지만, 어쩌면 들리지 않을 정도이지만, 여러분의 가장 깊은 곳으로부터 그저 알 수 있는 어떤 말들이 들려옵니다. "모든 게 다 괜찮을 거야." 같은 단순한 말입니다. 왜 그런지는 모르겠지만, 여러분은 이 말이 사실이라는 걸 뼛속 깊이 알고 있습니다. 무슨 일이 일어나든, 어떻게 흘러가든, 괜찮을 거라는 걸 여러분은 알고 있습니다.

- 모래 위에 누워 몸에 스며드는 태양의 따스함을 느끼면서, 깊은 평온함과 조건 없는 받아들여짐, 그리고 모든 것이 잘 될 거라는 내면의 지혜를 자

신에게 전해 봅니다.

• 원하는 만큼 오래 머무를 수 있습니다. 그리고 준비가 되면, 눈을 부드럽
게 뜹니다.

이 연습을 마쳤을 때 어떤 기분이 드는지 알아차려 보세요. 그리
고 여러분이 원할 때마다 '자기연민 일광욕'으로 돌아올 수 있다는
것도 기억해 주길 바라요.

마무리

청소년기에 경험하는 불행과 무가치하다는 느낌 대부분은 관계
의 어려움에서 발생합니다. 이러한 대인관계는 생물학과 진화에
뿌리를 두고 움직이고 변화하지요. 관계가 고통스러워질 때 생겨
나는 자기비판을 다루는 기술을 배워 두면 아픔을 가라앉히는 데
많은 도움이 됩니다. 우리가 감정에 사로잡혔을 때, 이번 장에서 배
운 연습들이 우리의 마음을 차지하고 있는 옳고 그름에 대한 끊임
없는 이야기를 내려놓는 데 도움이 되어 줄 거예요.

특히 우리가 분노하게 될 때, 분노 아래에 놓여 있는 부드러운 감
정과 충족되지 않은 욕구를 보는 데에도 연습이 힘이 되어 줄 거예
요. 우리가 이 연습을 시도할 용기를 보일 때, 우리는 자신의 진실
한 목소리, 즉 모든 것이 괜찮아질 거야, 우리는 우리 자신 그 자체
로 괜찮아, 라는 연민 어린 목소리를 들을 수 있을 거예요.

다음 장에서는 청소년의 삶에서 많은 고통을 일으키는 또 다른 원인을 마주해 보려 해요. 바로 자신의 외모, 그리고 외모에 대한 자신의 느낌이죠. 만약 여러분의 외모가 여러분에게 불안정한 느낌을 주었거나, 자기 자신을 가혹하게 대하게 한 적이 있다면, 페이지를 넘겨 보세요…….

자기 이미지와 화해하기

청소년기에는 특히 자신의 이미지와 다른 사람에게 보이는 자신의 모습에 매우 민감해집니다. 여러분도 자신의 머리 스타일, 눈 색깔, 코 모양 등에 질색하고 있을지도 모르겠어요. 아니면 입술이 너무 두껍거나 너무 얇다고 생각할 수도 있고요. 볼에 난 여드름이나 티셔츠 안에서 비치는 팔뚝에 대해 다른 사람의 시선을 의식하거나, 여러분의 코, 턱, 다리, 눈 등이 자신이 바라는 대로 보일 때까지 거울 앞에서 셀 수 없이 많은 시간을 보낼 수도 있겠고요.

바라는 것과 실제가 다를 때, 그것이 우리의 모습이든 우리 삶의 다른 부분이든 우리에게는 많은 괴로움과 아픔을 안겨 주지요.

살다보면 우리가 통제할 수 없는 것들이 있어요. 그중 하나는 우리의 외모죠. 물론 머리 스타일도 바꾸고, 운동을 해서 체형도 바꾸고, 옷도 다르게 입어 보고, 화장을 해 볼 수도 있지만, 우리 자신의 모습에서 나타나는 근본적인 특징은 성형수술에 투자하지 않는 한 그다지 크게 변하지는 않을 거예요.

안타깝게도 여러분의 외모를 좋아하지 않고 다르게 보이고 싶어 하는 건 여러분의 기분을 나아지게 하는 데 도움이 되지 않아요. 오히려 여러분의 기분을 더 나쁘게 만들고, 더 많은 괴로움과 불행으로 이끌게 될 것이 확실하죠. 자신의 외모를 받아들이고 여러분이 가진 것을 최대한 활용하는 방법을 찾는 게 장기적으로는 훨씬 더 만족을 가져다줄 거예요.

그럼 어떻게 하면 될까요? 우리 자신의 외모와 몸에 대한 느낌을 비롯해서 있는 그대로 우리 자신을 받아들이고 사랑하려면 어떻게 해야 할까요?

첫째, 인내심을 가지세요. 아마도 여러분은 많은 시간 동안 자신의 외모를 싫어하며 지냈을 거예요. 그러니 변화가 하루아침에 일어나지는 않을 거고요. 변화는 천천히 일어날 테지만, 여러분은 반드시 변화할 수 있다고 제가 약속할게요. 어느 날 잠에서 깨어나면 여러분의 조금 삐뚤어진 미소가 사실은 흥미롭다는 걸 문득 깨닫게 될 거예요. 약간 귀엽기도 하고요.

둘째, 여러분이 자신의 외모나 신체 일부를 싫어하게 된 이유를 생각해 보세요. 아마도 여러분이 광고나 영화, TV나 소셜 미디어에서 보아온 이미지 같은 '이상적인' 이미지와 닮지 않아서일 수 있어요. 이건 좀 문제가 있어요. 그 이미지가 진짜가 아니란 걸 알면서도, 여러분의 진짜 얼굴과 몸을 온통 편집되고 보정된 이미지와 비교하는 건 여러분에게 좀 불공평하잖아요.

　우리는 미디어와 문화를 통해 우리의 외모가 어때야 하는지뿐만 아니라 우리가 어떻게 살아야 하는지에 관한 개념도 주입받았어요. 우리가 어떻게 행동해야 하는지, 좀 더 구체적으로 말하자면 우리가 여자라면 어떻게 하고 남자라면 어떻게 해야 하는지도 말이죠. 그리고 이건 분명 문제가 됩니다.

해로운 남성성

　"남자답게!"

　청소년기의 어느 시점에서 남성 청소년 대부분은 이런 말을 듣게 됩니다. 어떤 경우에는 자라는 내내 이 말을 듣기도 하지요. 그런데, 이게 도대체 무슨 뜻일까요?

　이 말은 여러분이 상처받은 걸 드러내지 말라는 것을 의미합니다. 감정을, 특히 두려움이나 슬픔 같은 부드럽다고 해석되는 모든 감정을 표현하지 말라는 소리이자, '터프'해지라는 소리지요. 가장 중요한 점은 절대로 눈물을 보여서는 안 된다는 거고요. 시간이 흘러 이러한 메시지는 '해로운 남성성(toxic masculinity)'이라는 최종 결과를 가져오게 되고, 이는 취약하거나 부드러운 느낌을 공유하지 않는 것 외에도 특히 여성에게 자신이 얼마나 강한지 보여 주기 위해 폭력적일 정도로 공격적이게 된다는 것을 의미합니다. 여기에는 폭력적인 것이 강하다는 것이며, 강하다는 것은 자신이 가치가 있다는 걸 의미한다는 신념이 깔려 있지요.

이러한 신념, 즉 남자는 강하고 폭력적일 때만 가치가 있다는 신념으로 양육되는 남성 청소년들은 자신이 여성을 지배할 권리, 심지어는 의무가 있다고 생각하는 성인 남성이 됩니다. 이러한 남성들은 자신이 정서적으로 상처 입은 순간을 알기 어려워하고, 자신의 고통스러운 감정을 어떻게 다루어야 할지 알지 못하며, 도움이 필요한 순간을 인식하지 못하게 됩니다. 자신의 존재만으로는 안전하지 않기에, 계속 자기 자신과 자신의 가치를 증명해야 한다고 여기게 되지요. 어떤 연구자들은 남성의 수명이 짧고 심장 질환에 걸릴 위험이 큰 이유는 남성들이 끊임없이 자신을 증명해야 한다는 스트레스를 받는 것과 동시에 고통스러운 감정을 숨기려고 애쓰는 것과 관련된다고 보기도 한답니다.

남성 청소년들이 그저 자신의 모습 그대로 존재하며, 모든 감정을 느끼고 표현하고, 여성과 남성을 평등하게 대할 수 있는 성인으로 자라기 위해 우리 사회와 문화적 기대는 분명히 바뀌어야 합니다. 자신이 다른 누구보다 더 세고 강력하다는 것을 보여 주어야 한다는 압박감을 느끼지 않아도 되게 말이죠. 하지만 그러한 변화가 일어날 때까지, 자기연민이 어떻게 우리에게 도움이 되어 줄 수 있을까요?

자기연민은 우리가 존재 그 자체로 가치가 있다는 것을 가르쳐 줍니다. 우리는 가치 있고 가치 있다고 여겨지는 사람이 되기 위해 남들보다 더 나을 필요가 없고, 우리는 인간으로서의 결점을 비롯한 모든 것을 담고 있는 우리 자신의 모습으로 존재할 수 있으며, 다른 이들의 삶과 우리가 사는 세상에 긍정적인 변화를 만들어 낼 수 있다는 것 또한 자기연민이 주는 가르침이지요. '남자답게'라는 메시지와 달리 자기연민은 '나답게'라는 메시지를 우리에게 전합니다. 우리는 지금 있는 그대로 훌륭하고, 우리 자신을 그 누구에게도 증명할 필요가 없다는 뜻이랍니다. 다른 누구와 비교할 필요 없이 행복하고, 만족스럽고, 편안하게 있는 그대로의 자기 자신과 사이좋게 지낼 수 있다는 말이기도 하지요. 조금 급진적인 생각이지요? 물론 가능한 일이지만, 우리 자신부터 시작할 때에만 가능해지는 일이기도 해요.

좋은 소식은 여러분에게 선택권이 있다는 거예요. 여러분은 건강하지 못한 외부의 관념이나 메시지가 여러분이 자기 자신을 어떻게 느끼는지를 조종하도록 허용할 수도 있고, 여러분이 가진 강점과 약점 모두와 함께 자기 자신을 있는 그대로 받아들이고 사랑하는 방법을 배울 수도 있답니다. 여러분이 누구인지, 누구여야 하는지를 다른 사람이 말하게 할 수도 있고, 여러분만의 고유한 스타일, 외모, 자기에 대한 감각을 지닌 채 그저 있는 그대로 존재할 수도 있지요. 여러분은 충분히 그만큼 용감해질 수 있어요. 여러분 자신을 포용하고, 여러분이 좋아하지 않을지도 모를 신체 부위와 이미지까지 포함해서 여러분의 외모를 받아들이면서 시도해 볼 수 있을 거예요.

자신을 포용하기

지금쯤 이렇게 생각하고 있을지도 모르겠네요. 네, 멋진 말씀이긴 한데요, 어떻게 그 경지까지 가죠? 저도 제 몸하고 잘 지내고 싶고, 제 모습 그대로 괜찮을 수 있다면 정말 좋겠어요. 하지만 지금 상황에서 그렇게 되려면 갈 길이 먼데요…….

다음 수행이 여러분의 몸을 받아들이기 시작하는 데 도움이 되어 줄 거예요. 보디스캔이라고 부르는 방법인데, 여러분 자신을 있는 그대로 사랑하고 인정하는 데 도움이 될 뿐만 아니라 수행 자체로 정말 편안해진답니다.

여기서 할 보디스캔은 특히 청소년을 위한 버전으로, 수행을 하는 동안 존재하는 감각과 나타나는 감정이 무엇이든 모두 허용한다는 것을 강조하는 형식으로 만들었어요. 있는 그대로의 자기 자신이 될 만큼 충분한 용기를 갖추는 단계랍니다.

그저 한번 실험해 본다는 태도로 이 연습에 접근하는 것이 가장 좋습니다. 어떤 연습인지 한번 살펴보기 위해 해 보는 거예요. 그리고 연습에서 어떤 부분이 약간 불편하다고 느껴진다면, 둘 중 한 가지를 선택할 수 있어요. 먼저 그 불편한 느낌에 용기 있게 열려 있을 수 있을지, 마치 갓 태어난 강아지를 보듬듯이 부드럽고 다정하고 친절한 감각과 함께 그 불편함이 거기에 있게 허용해 줄 수 있을지 살펴보세요. 만약 그렇지 않고 지금 이 순간 자기 자신을 도전으로 향하게 하고 싶지 않다면, 그 또한 정말 괜찮습니다. 자기연민이란 자신에게 필요한 것을 주는 것이라는 점을 기억하면서, 불편함의 원인이 되는 신체 부위를 건너뛰고 다른 부위로 넘어갈 수도 있습니다.

한 번에 한 부위만 연습하는 것도 한 가지 방법이에요. 처음에는 다리 위주로 연습하다가, 배와 가슴 부분만 해 보아도 좋고, 얼굴과 머리 부분만 해 보아도 좋습니다. 아니면 날짜를 정해서 한 부위씩 돌아가며 해 볼 수도 있지요. 선택은 언제나 여러분의 몫이랍니다.

 ## 명상: 연민 어린 보디스캔

명상 녹음 파일을 http://www.newharbinger.com/45274에서 내려받을 수 있습니다.

- 편안한 자세를 취해 봅니다. 등을 바닥에 대고 누워 눈을 감을 수도 있습니다. 편안하게 느껴진다면 양팔을 몸 옆에 자연스럽게 내려놓고, 양쪽 다리도 편안하게 놓아 둡니다. 원한다면 무릎 아래에 쿠션이나 베개를 놓을 수도 있습니다. 어떤 사람들은 이를 통해 지지받는다고 느끼기도 합니다. 그리고 도움이 된다면 머리에 베개를 베고 누울 수도 있지만, 잠들어 버리면 수행 전체를 놓칠 수 있으니 유의하길 바랍니다.

- 이제 호흡에 주의를 기울이면서, 몸 안팎으로 호흡이 부드럽게 움직이는 것을 알아차려 봅니다. 숨을 들이쉴 때마다 배가 어떻게 올라가는지, 내쉴 때마다 어떻게 가라앉는지 알아차려 봅니다. 어떤 식으로든 호흡을 바꾸려 하지 않고, 그저 호흡이 그곳에서 자기의 일을 하고 있다는 것을 알아차려 봅니다.

- 만약 편안하게 느껴진다면. 여러분 자신을 지지하는 손길을 전할 수도 있습니다. 여러분이 여기에 있고, 이 행성에서 숨 쉬며 살아 있는 인간 존재로서 돌봄과 친절을 받을 자격이 있다는 것을 떠올린다는 의미에서 한 손을 가슴 위에 올려놓을 수도 있습니다. 갓 태어난 강아지를 대하듯 해 봅니다. 또는 한 손으로 얼굴을 쓰다듬거나, 양손으로 얼굴을 감싸 안아 볼 수도 있습니다. 가슴이나 얼굴에서 느껴지는 손의 따뜻함을 느끼면서. 세 차례 천천히 깊고 편안하게 호흡합니다. 준비되었다면 팔을 다시 몸 옆으로 내려놓아도 좋고, 그대로 지지하는 손길을 계속 전해도 좋습니다.

- 이제 여러분의 주의를 몸을 통해 타고 내려가서 발바닥으로 가져갑니다. 발바닥에서 느껴지는 어떤 감각이든 그저 알아차려 봅니다. 따뜻한가요, 아니면 시원한가요? 건조한가요, 아니면 촉촉한가요? 발가락이 서로 닿아 있는 부분이 느껴지나요? 발뒤꿈치가 바닥이나 소파와 맞닿아 있는 부분이 느껴지나요? 닿아 있는 부분이 어떻게 느껴지는지 알아차려 봅니다. 딱딱한지, 부드러운지, 약간의 압박감이 느껴지는지 알아차려 봅니다.

- 잠시 시간을 갖고 여러분의 발이 온종일 여러분을 위해 하는 모든 일을 생각해 봅니다. 우리 발의 면적은 이렇게 작은데도, 우리의 몸 전체를 지탱해 주고 있습니다. 이것이 발에게는 얼마나 큰 일인지 상상해 봅니다. 우리의 발은 그 모든 일 이상을 하고 있습니다. 우리가 발에게 거의 관심을 기울이지 않더라도 말이지요. 그러니 몇 차례 호흡하는 동안, 여러분을 여기저기로 움직이게 해 주는 발에게 감사함을 전하는 시간을 가져 봅니다.

- 이제 주의를 발에서 발목, 종아리, 정강이로 옮깁니다. 다리 아랫부분에서 느껴지는 모든 감각을 알아차려 봅니다. 다리 피부에 닿아 있는 옷의

감촉을 알아차릴 수도 있습니다. 만약 그렇다면, 그 감촉이 어떤지 살펴봅니다. 까끌까끌한가요, 매끄러운가요? 부드러운가요, 거친가요? 아니면 그 중간인가요?

• 어느 순간 여러분의 마음이 방황하고 있다는 걸 알아차리거나, 더는 감각을 알아차리지 않고 무언가 다른 것을 생각하고 있다는 것을 알아차리게 될 것입니다. 만약 이런 일이 생긴다면 그저 몸의 감각으로 주의가 다시 돌아오게 합니다.

• 이제 다시 다리로 돌아가서, 여러분의 주의를 무릎, 허벅지, 엉덩이로 옮깁니다. 주의를 옮기면서 어떤 감각들이 놓여 있는지 한 번 더 알아차려 봅니다. 입고 있는 옷의 천이 약간 간지럽다고 느낄 수도 있고, 까끌까끌한 느낌이나 따뜻한 느낌을 알아차릴 수도 있습니다.

• 어느 순간, 여러분의 몸 어떤 부위가 너무 뚱뚱하다거나, 너무 말랐다거나, 근육이 부족하다거나와 같은 이유로 여러분의 마음에 들지 않는다는 생각을 알아차릴지도 모릅니다. 만약 이런 생각들이 떠오르는 것을 알아차렸다면, 조금 더 용기를 내어 그 부위에 머무르고, 주의를 계속 기울이며 사랑을 약간 더 담은 숨을 불어넣어 봅니다. 이상한 소리처럼 들릴지도 모르지만, 그 신체 부위에 말까지 걸어 볼 수도 있습니다. "네가 여기 있어서 고맙고, 내 몸이 활동하도록 도와줘서 고마워!"라는 식으로 이야기해 볼 수 있습니다. 그러고 나서 다음 부위로 이동합니다. 만약 오늘은 여러분이 충분히 용감하지 않다고 느껴진다면, 그 부위를 건너뛰고 다른 부위로 이동해도 괜찮습니다. 준비되면 언제든 그 부위로 다시 돌아올 수 있습니다. 선택은 여러분의 몫이라는 걸 기억하길 바랍니다.

- 이제 여러분의 주의를 배로 가져가서, 여러분의 배가 움직이는 것을 알아차려 봅니다. 호흡에 따라 배가 팽창하고 수축하는 것을 느껴 봅니다. 배에 주의를 기울이는 동안 어떤 느낌이 나타나는지 알아차려 봅니다. 싫다는 느낌, 밀쳐내고 싶다는 느낌, 그리고 이런 느낌이나 이 부위에 머무르고 싶지 않다는 느낌이 나타나나요? 만약 그렇다면 여러분이 그 느낌으로 향할 수 있는지, 그 느낌에 주의를 기울이며 실제로 어떤 느낌인지 알아차릴 수 있는지 살펴봅니다. 그런 느낌과 관련된 신체 감각을 느낄 수도 있습니다. 몇 분 정도 그 감각과 함께 머무를 수 있는지 살펴봅니다. 다시 한번, 여러분 자신에게 몇 마디 친절한 말을 건넬 수 있습니다. "와, 이런 힘겨운 느낌과 함께 머무르다니 너 진짜 용감하다."와 같은 격려의 말이나, "이런 기분을 느낀다니 정말 안타깝다. 이 느낌이 영원히 계속되지는 않을 거라 약속해."라는 친절한 말일 수도 있고, 심지어는 "내가 먹는 걸 소화하느라 위장이 고생하는 거 알아. 너무 힘들게 해서 미안해!"라고 말해 볼 수도 있습니다.

- 원한다면 위로를 담아 배에 손을 얹고 부드럽게 쓰다듬어 볼 수도 있습니다.

- 그리고 이제 가슴으로 주의를 옮겨 봅니다. 숨을 쉴 때마다 여러분의 폐가 팽창하고 가슴이 오르내리는 것을 알아차려 봅니다. 어쩌면 심장이 뛰는 것을 알아차릴 수도 있습니다. 심장은 여러분이 태어나기 전부터 지금까지 쉬지 않고 뛰고 있습니다. 오직 여러분을 위해서, 오직 여러분이 살아 있게 하려고 심장은 뛰고 있습니다. 잠시 시간을 내어 여러분의 폐와 심장이 하는 이 모든 일에 감사하는 시간을 가져 봅니다.

- 이제 여러분의 목과 목 안쪽, 머리로 주의를 이동합니다. 머리를 떠받치

고 온종일 지탱하는 목의 강인함을 알아차리고, 목에게 감사함을 전해 봅니다. 또한 여러분이 말하고, 삼키고, 숨을 쉬게 해 주는 목 안쪽 기관들이 있습니다. 그리고 여러분의 뇌를 안전하게 보호하는 머리뼈, 세상을 보게 해 주는 눈, 숨을 쉬게 해 주는 코, 음식을 먹게 해 주는 입, 소리를 듣게 해 주는 귀, 말하게 해 주는 입술이 있는 여러분의 머리가 있습니다. 이 부위들은 여러분이 의사소통하게 하고, 영양을 공급하게 하고, 세상을 이해하며 감상하게 하고, 생각하게 하고, 창조하게 하고, 여러분 자신을 표현하게 합니다. 잠시 시간을 내어 이 모든 신체 부위, 그리고 여러분을 살아 있게 하고 세상에 참여하게 하는 이 부위들이 하는 일에 감사하다는 말을 조용히 전해 봅니다.

• 어쩌면 얼굴에서 그다지 만족스럽지 않은 부분을 발견할 수도 있습니다. 코가 너무 크다거나 눈이 너무 작다고 생각할 수 있고, 어쩌면 귀가 튀어나오지 않았으면 좋겠다거나 여드름이 심하지 않았으면 좋겠다는 생각이 떠오르는 것을 알아차릴 수도 있습니다. 그러한 생각들과 함께 감정들이 나타날 수도 있습니다. 침울해지는 느낌이 들거나, 심할 때는 혐오스럽다는 느낌이 노골적으로 느껴질 수도 있습니다. 어쩌면 여러분은 용기 있게 그 느낌에 마음을 열고, 감정이 거기에 머무르도록 허용하며, 그저 여러분이 느끼는 대로 감정을 허용하고, 여러분의 모습 있는 그대로 존재할 수도 있습니다.

• 그 느낌에 마음을 열면서 가만히 부드러움을 전해 봅니다. 얼굴에 따뜻한 수건을 얹어 얼굴 근육을 이완시킨다고 상상해 봅니다. 여러분의 얼굴을 부드럽게 마사지해 주는 사람, 다정한 손으로 여러분의 얼굴을 부드럽게 만지며 근육이 이완되고 풀어지도록 도와주는 사람을 상상해 봅니다.

- 여러분 자신에게 어떤 친절한 말을 조용히 속삭여 줄지 생각해 봅니다. "너의 몸에 대해 네가 이렇게 느낀다니 너무 안타까워." 또는 "얼굴에 대해 이런 감정을 느낀다는 건 참 힘든 일이야." 또는 "네가 참 오랫동안 이렇게 느껴 왔다는 걸 알아…… 이런 비난은 정말 힘겹지." 같은 말을 속삭여 줄 수 있습니다. 여러분을 지지하는 손길을 전할 수도 있습니다. 가슴에 손을 얹거나, 뺨을 쓰다듬거나, 자신을 안아 주면서 지지를 보낼 수 있습니다. 친절한 말과 감싸 안는 손길의 부드러운 편안함을 느끼면서 여러분에게 필요한 만큼 충분히 머무릅니다.

- 준비가 되면 부드럽게 눈을 뜹니다. 잠시 시간을 내어 손가락과 발가락을 꼼지락거려 보고. 차례로 손과 발을 좌우로 살짝살짝 움직여 봅니다. 필요하다고 느껴진다면 몸을 쭉 뻗어 기지개를 켜고, 한쪽으로 몸을 돌려서 일어납니다.

이것은 일종의 실험이라는 걸 명심해 주세요. 우리의 신체 감각, 생각, 느낌에 주의를 기울이는 게 어떤 것인지 한번 들여다보는 거예요. 여기에 무엇이 있는지 알아차리고 나서, 그 느낌에 마음을 열어 공간을 마련해 준 다음, 그 공간에 약간의 다정함을 가져오며 우리가 그 느낌과 함께 머무를 수 있는지 살펴보는 거죠. 힘거운 감정과 함께 머무르는 것은 힘든 일이므로, 여러분 자신에게 친절하게 대해야 한다는 걸 꼭 기억하시길 바라요.

내 몸에 대한 저항

보디스캔을 연습하다 보면 어떤 부위에서 불편함을 느끼고, 그 부위에 머무르며 그 감각을 느끼고 싶지 않을 수도 있어요. 여러분이 정말로 좋아하지 않는 신체 부위가 있을 수도 있고요. 우리가 우리 자신의 일부에 저항하거나 밀쳐내려고 하면 그 부분에서 나타나는 느낌은 지속될 거예요. 달리 말해 보자면, 우리는 그 감각을 밀쳐내면 거기에서 벗어날 수 없어요. 저항할수록 계속될 뿐이죠.

보디스캔 수행은 이러한 불편한 느낌을 마주하는 방법을 배우는 데 도움이 될 거예요. 느낌을 마주한다는 것은 무엇을 의미할까요? 바로 느낌에 저항하지 않는다는 뜻이에요. 그 느낌이 여기에 머무르게 허용하고, 여러분 자신이 그 느낌을 느껴 보도록 허용하며, 그 느낌에 공간을 만들어 주고, 부드럽고 돌보는 태도로 그 느낌과 함께 머물러 보는 거예요. 갓 태어난 강아지를 보듬는 것처럼 해 보라는 안내 문구를 기억하나요? 바로 그렇게 해 보는 거랍니다.

불편한 느낌과 함께 머무르려면 용기가 필요해요. 그래요, 그걸 정말 바라는 사람이 과연 누가 있을까요? 유쾌한 일도 아닌걸요. 하지만 이렇게 해 보면 여러분 자신에게 마음을 열 수 있을 테고, '나 자신'이 정말로 사랑스럽다는 걸 발견하는 시간도 가질 수 있을 거예요. 여드름뿐만 아니라, 나의 모든 것이 말이죠.

그리고 앞서 우리가 이야기했던, '느끼면 치유할 수 있다'는 표현도 떠올려 보길 바라요. 느낌을 밀쳐내지 않고 느끼는 무엇이든 느껴 보도록 여러분 자신을 허용해 준다면 진정한 자기 자신을 편안하게 여기는 데 도움이 될 거예요.

📧 베티나의 이야기

베티나(Betina)는 자신이 못생겼으며, 눈곱만큼도 매력적이지 않다고 확신했다. 베티나가 열한 살이 되었을 때부터 반 아이들이 베티나의 코가 크다고 놀리기 시작했기 때문이다. 그 전에는 자신의 코가 남들과 다른 점을 알아차리지 못했지만, 아이들이 한번 놀리기 시작하자 베티나는 코에 대해 굉장히 민감해지게 되었다. 이제 베티나는 열다섯 살이 되었고, 아이들은 여전히 가끔씩 베티나의 코에 관해 이야기한다. 아이들은 그저 심심풀이로 이야기하는 것이었지만, 그 이야기가 베티나를 얼마나 속상하게 하는지는 알지 못했다. 그래서 베티나는 의심의 여지 없이 자신이 멋지게 생겼다고 생각할 사람은 아무도 없을 거라 믿게 되었다.

보디스캔을 하는 동안, 베티나는 특별히 불편해하지 않았다. 얼굴 부위, 특히 코에 대해 연습하기 전까지는 괜찮았다. 하지만 자신의 코를 인정하고 감사를 전하려 하자(음식 냄새를 맡게 해 주고, 음식을 즐길 수 있게 해 주니까), 화가 난다는 것을 알게 되었다. 머릿속에서 들려온 첫 이야기는, '이건 불공평해! 나는 이런 코를 가지게 해 달라고 한 적 없다고! 왜 나는 남들처럼 귀엽고 작은 코를 가질 수 없는 건데?'라는 말이었다.

그런 다음 베티나는 상황이 현실과 다르기를 바라면 더 많은 괴로움과 힘겨움이 일어난다는 사실을 기억해냈다. 또한 마음챙김 수행에서 자신의 생각을 관찰하고 생각이 떠내려가게 하는 방법을 배운 것도 떠올렸다. 그리고 이런 생각들을 떠내려 보내고 나자, 거기에 슬픔이 있다는 것을 깨달았다. 자신이 만족스럽지 않은 코를 가지고 태어났고, 이 코와 함께 살아가야 한다는 슬픔을 알아차리게 된 것이다.

베티나는 그동안 배웠던 마음챙김과 자기연민 수행을 통해 그 순간에 존재하는 느낌에 마음을 열 수 있었다. 처음에는 슬픔이 거기에 있다는 걸 느끼고 싶지 않았기에 내키지 않았다. 하지만 바로 그 순간 자신의 내면에 그 슬픔을 다룰 충분한 용기가 있다는 것을 느꼈고, 차분하고 부드럽게 자기 자신에게 이렇게 말해 주었다. "슬픔이구나. 이건 슬픔이야. 나는 지금 슬픔을 느끼고 있구나."

그러고는 그 슬픈 느낌에서 벗어나 자신이 이런 코를 가지게 된 것이 얼마나 불공평한지에 관한 생각으로 돌아가고픈 충동을 느꼈다. 슬픔을 느끼는 것보다는 화를 내기가 더 쉬웠지만, 베티나는 슬픈 느낌과 함께 머무를 수 있는지 살펴보기로 했다. 조금만 더 머무르며 슬픔이 존재하도록 허용하고, 그 슬픔이 자신의 몸에 어떻게 느껴지는지 알아차리고 관찰했다. 하지만 거기에 몰두하지도 않았다. 그저 느낄 뿐이었다.

그러자 놀라운 일이 벌어졌다. 베티나는 자신의 코가 그저 코라는 것을 깨달았다. 물론 어쩌면 보통 코보다는 더 큰 코일 수도 있지만, 그래도 그저 코일 뿐이었다. 디는 자신의 코가 고뇌와 분노와 정서적 고통의 거대한 원천처럼 여겨지지 않았다. 그저 자신의 얼굴 가운데, 눈과 입 사이에 자리한 얼굴의 모양새 중 하나일 뿐이었다. 그저 그게 다였다.

내면의 비판, 또 만났구나!

자신의 외모와 몸에 대한 생각에 관한 우리의 태도를 들여다보면, 우리 중 많은 이들에게 내면의 비판이 쌩쌩하게, 굳건히, 활개를 치고 있다는 걸 알 수 있지요. 아주 강력하게 비판하는 목소리가 우리의 머릿속에서 이렇게 외치곤 합니다. "넌 너무 못생겼어. 널 좋아할 이유가 뭐가 있겠어?" "너는 너무 크고 뚱뚱해. 아무도 너하고 데이트하고 싶어 하지 않을걸!" 끊임없이 맴도는 이 목소리는 우리가 가치 없고 부족하다고 느끼게 하며, 한마디로 정리하자면 우리를 상당히 낙담하게 만들지요.

이 비판하는 내면의 목소리를 어떻게 진정시킬 수 있을까요? 특히 자기 이미지에 대한 내면의 비판 속에서 우리는 어떻게 자신에게 더 친절해질 수 있을까요?

내면의 비판하는 목소리가 맨 처음 존재하게 된 이유를 이해하면 도움이 될 거예요. 이 목소리는 대개 어떤 식으로든 우리를 보호하려고 존재하니까요. 예를 들어, 우리 자신의 일부는 다른 사람에게 거절당하는 걸 두려워하기에, 내면의 비판이 "아무도 너를 좋아하지 않을 거야!" 같은 말을 해서 거절이 될 만한 상황에 미리 펀치를 날리는 거지요. 달리 말하자면 우리가 먼저 우리 자신을 거부했기 때문에 다른 사람이 실제로 우리를 거부하더라도 허를 찔리지 않을 수 있다는 거예요.

내면의 비판이 우리를 깔아뭉개면서 얻고자 하는 또 다른 목적은 특히 우리가 다른 사람 앞에 있을 때와 연관되는데, 바로 우리가 상대방보다 더 낫다고 생각하지 않는다는 걸 상대가 알게 하려는 것이랍니다. 특히 여성 청소년 사이에서 자기 자신을 낮추는 것은 "내가 너보다 나은 건 아무것도 없어. 우리는 다 같은 처지야."라는 말처럼 표현되지요. 다른 사람과 연결되려는 방식 중 하나로, 마치 서로를 앞지르지 않고 모두 한 팀이 되어 움직일 거란 일종의 계약을 맺는 것과 같아요. 진화론적 관점에서 우리는 혼자보다는 한 팀이 되어 집단의 보호를 받는 게 생존에 도움이 된다는 걸 알고 있으니까요.

따라서 자신의 외모와 신체에 대해 여러분이 드러내는 말과 태도는 내면의 비판이 여러분을 안전하게 보호하려는 것과 관련이 있어요. 그렇지만 때로는 좀 과하기도 하고, 스트레스와 우울증이 생기는 데 일조하기도 하지요. 다행히 이 심각한 내면의 비판하는 목소리를 저지할 방법이 있답니다.

다음 연습은 종이에다 쓰면서 하는 연습으로, 외모에 대해 횡포를 부리는 내면의 비판하는 목소리를 진정시키는 방법을 배우는 연습입니다. 이 연습은 새로운 목소리가 나올 수 있는 공간을 마련해 줄 거예요. 물론 그 또한 여러분 자신의 목소리이지만, 훨씬 더 친절하고 연민 어린 목소리일 거예요.

연습: 내면의 비판을 진정시키며
자신의 진실한 목소리 듣기

연습 녹음 파일을 http://www.newharbinger.com/45274에서 내려받을 수 있습니다.

- 여러분의 외모에서 계속 자책하게 되는 부분을 떠올려 봅니다. 귀가 너무 튀어나와 있다고 생각하거나, 코가 너무 크다고 생각할 수 있습니다.

- 이제 여러분이 그 부분이 마음에 들지 않는다는 걸 알아차릴 때마다 내면의 비판이 주로 하는 말이 무엇인지 적어 봅니다. 어떤 어조로 어떻게 표현하나요? 예를 들어, "너 완전 왕코야. 너는 매력적으로 보이는 건 둘째치고 그럭저럭 생겼다는 소리도 못 들을 거야."와 같은 말을 할 수도 있습니다.

- 이제 내면의 비판이 지금까지 여러분에게 얼마나 많은 고통을 주었는지 생각해 봅니다. 그런 가혹한 비판을 계속 듣는 것이 얼마나 힘든 일인지에 대해 여러분 자신에게 연민을 전해 봅니다. 자신에게 전하는 친절한 말을 글로 적어 보는 것도 좋은 방법입니다. 예를 들어,

  그동안 이런 가혹한 말을 듣게 했다니 정말 안타깝고 미안해.

  너는 이런 말을 들을 이유가 없어. 너는 내면이 참 아름다운 사람이야.

  나는 너를 사랑해. 그리고 네가 행복하길 바라.

- 또는 가슴에 손을 얹거나, 등을 토닥이거나, 부드럽게 안아 주면서 여러분 자신을 지지하는 손길을 전할 수도 있습니다.

- 이제 다음에 대해 생각해 봅니다. 내면의 비판이 여러분을 어떤 식으로든

안전하게 보호하려 했을 가능성도 있을까요? 비록 생산적이지 않은 방식이었거나, 여러분에게 상처를 주는 방식이었다 해도요. 여러분이 다른 사람으로부터 상처받지 않게 보호하려 했던 것은 아닐까요?

- 만약 그랬던 것 같다면, 여러분이 내면의 비판이 위협과 위험을 감지하고 여러분을 안전하게 보호하기 위해 어떤 노력을 하고 있는지 적어 봅니다.

- 내면의 비판이 어떤 식으로든 여러분을 안전하게 지키려 했다는 것을 알게 되었다면, 그 노력을 여러분이 인정해 줄 수 있는지 살펴보고 몇 마디 감사의 말을 적어 봅니다. 그 방식이 지금 여러분에게 그다지 도움이 되지는 않고 있지만, 내면의 비판은 좋은 의도로 최선을 다했다는 것을 알려 줍니다.

• 만약 내면의 비판이 여러분을 도우려 했던 점을 도무지 찾을 수 없다면(때로 비판에는 어떤 가치도 없습니다), 과거 속 자기비판으로 고통받아 온 자기 자신을 향해 계속 연민을 보냅니다.

• 여러분 내면의 한 부분인 비판하는 목소리를 들어보았으니, 이번에는 내면의 다른 목소리를 찾아보겠습니다. 이 목소리는 보통 더 조용하고 온화하지만, 가만히 귀를 기울이면 모습을 나타냅니다. 어질고 현명하며, 온전히 여러분을 사랑하고, 여러분을 위해 최선을 다하려 하는 목소리입니다.

• 괜찮다면 눈을 감고 양손을 가슴에 얹습니다. 이제 여러분의 현명하고 연민 어린 부분이 여러분에게 이렇게 말합니다.

"나는 너를 사랑하고 너를 위해 최선을 다할 거야. 너의 일부로부터 네가 이런 가혹한 말을 듣는 게 얼마나 힘든지 알아. 이렇게 오랜 시간 네가 그런 말을 들어야 한다

니 너무 안타까워. 특히 지금은 정말 많은 변화를 겪어야 하는 시기인걸. 몸과 머리에서도 변화가 일어나고, 친구와 가족들과의 관계에서도 변화가 일어나고 있지. 학교에서는 계속 압박을 받고. 너무 많은 일이 진행되고 있어. 그러니 너 자신에게 친절하고 다정하게 대해 보면 어때, 괜찮지?"

"나는 너를 사랑하고 네가 더는 힘겨워하지 않길 바라. 내가 어떤 말을 하면 네 기분이 나아질까?"

"너의 내면, 그러니까 있는 그대로의 너 자체는 아름다워. 너의 마음 깊은 곳에서는 이게 진실이라는 걸 알아."

• 여러분에게 알맞다고 느껴지는 말이 나타나지 않는다면, 여러분의 정말 좋은 친구나 반려동물이라면 여러분을 어떤 말로 위로해 줄지 생각해 봅니다. 반려동물은 우리의 외모나 우리가 하는 실수와는 무관하게 우리를 사랑하고, 우리의 불편함을 감지해서 우리가 가장 필요로 할 때 우리를 위로해 줍니다. 그러니 만약 반려동물이 말을 할 수 있다면 여러분에게 어떤 말을 들려줄지 상상해 보세요. 아마도 "나는 너를 걱정하고 있어. 그리고 너를 돌보고 지키기 위해 여기 있어."와 같은 말을 할 것입니다.

   —이 친절한 말을 여러분 자신에게 조용히 반복해서 들려주는 시간을 가져 봅니다.

• 이제 현명하고 자비로운 목소리, 자신의 진실한 목소리로 여러분 자신에게 편지를 써 볼 수도 있습니다. 가혹하게 비난했던 그 말은 여러분에게 도움이 되지 않았으니, 다음번에는 여러분 자신에게 친절한 말을 전해 보겠다는 뜻을 표현해 봅니다.

여러분 자신을 응원하는 알맞은 말을 찾기 어려웠더라도 걱정하지 마세요. 시간이 걸리는 작업이기도 하고, 연습하다 보면 더 쉬워지게 될 테니까요. 여러분 자신에게 친절해지려는 의도를 가진다는 점이 중요해요.

이 연습을 통해 여러분 내면의 비판하는 목소리에 공간을 마련해 주었다는 것을 기억해 주세요. 우리는 내면의 비판이 존재하도록 허용해 주었고, 그 목소리가 오랜 시간 우리를 안전하게 지키기 위해 노력했다는 점에 감사함을 전하기도 했지요. 만약 우리가 내면의 비판을 추방하거나 밀쳐냈다면 더 강력해진 목소리로 돌아왔을 거예요. 이런 힘겨운 감정이 존재하도록 허용해 주면 감정이 가진 힘이 줄어들게 된답니다. 그리고 가만히 머무르며 경청하다 보면 우리 자신의 진실한 목소리가 나타나게 되지요.

내면의 비판이 때때로 목소리를 내더라도 낙담하지 않길 바라요. 우리를 안전하게 지키려는 목소리라서, 가끔은 머릿속에서 톡톡 튀어나오더라도 괜찮아요. 그 목소리를 얼마나 크게 들을지에 대한 선택은 언제나 여러분 몫이니까요.

마무리

우리는 광고와 미디어로부터 우리가 매력적이지도, 인기가 많지도, 충분히 괜찮지도 않다는 메시지를 끊임없이 받고 있습니다. 그래서 자신을 다른 이들과 비교하며 결국 자신이 특정 기준에 부합

하지 못한다고 여기게 되지요.

하지만 여러분에겐 탈출구가 있어요. 여러분이 충분하지 않다고 말하는 비판하는 목소리를 내려놓고, 여러분 내면 깊숙이 묻혀 있던 여러분의 진실한 목소리에 귀를 기울일 수 있어요. 여러분이 사랑스럽고, 있는 그대로 충분히 괜찮다고 말하는 목소리에 말이죠. 들을 수 있게 된 그 진실한 목소리에게 안내를 부탁할 수도 있을 거예요.

나의 LGBTQIA+
정체성 다루기

청소년기는 자신이 누구인지 알아가는 시기라 해도 과언이 아닙니다. 무엇이 여러분에게 가장 중요한지, 무엇이 여러분의 삶에 의미를 주는지, 이 세상에서 어떤 존재가 되고 싶은지에 대해 깊이 탐구하는 여정을 떠나는 시기이지요. 또한 많은 청소년들은 이 시기에 자신의 성정체성과 성지향성을 탐구하게 됩니다. 만약 여러분의 성정체성이 태어났을 때 정해진 성별과 일치하는 시스젠더(cisgender)이거나, 자신과 다른 성별에게만 매력을 느끼는 이성애자라고 하더라도 이번 장이 유익할 거예요. 이번 장에서는 수치심에 대해 다룰 텐데, 이 감정은 LGBTQIA+ 여부와는 무관하게 우리 모두에게서 일어나는 감정이거든요. 따라서 수치심에 대해 배우고 수치심이 나타났을 때 자신에게 연민을 주는 연습을 이번 장에서 배워 놓으면 여러분 모두에게 도움이 될 거예요.

이번 장에 들어가기에 앞서 '성정체성'과 '성지향성'을 미리 구분 지어 알아두는 게 중요할 거예요. 성정체성이란 여러분이 생각하는 자신의 성별을 의미해요. 남성에서 여성에 이르기까지 그 무엇이 될 수도, 또는 그 무엇도 아닐 수도 있죠. 하지만 우리 문화권에서 우리 대부분은 세상에 남성과 여성 단 두 가지 성별만 있다고 믿게끔 자라왔지만, 역사상 많은 문화권에서 3가지, 4가지, 심지어 5가지 성별을 존중했지요. 예를 들어, 아메리카 원주민 부족은 태국의 카토이(Kathoey), 중동의 살지크룸(Salzikrum), 인도의 히즈라(Hijra) 카스트, 사모아의 파아파피네(Fa'afafine)처럼 여러 가지 성별을 가지고 있답니다(Testa, Coolhart, & Peta, 2015).

오늘날 우리나라와 전 세계에서는 자신이 남성도 여성도 아닌 '논바이너리(nonbinary)'라고 여기는 사람도 많아요. 우리 사회는 성정체성이 남성에서 여성까지 연속선상에 놓여 있다는 것을 이제 막 이해하기 시작했지요. 앞으로 몇 년 동안 젠더 연속성에 대한 개념이 훨씬 더 많이 인식되고 수용될 테지만, 그때까지 논바이너리인 사람들은 우리 사회에서 받게 되는 메시지 때문에 아웃사이더처럼 느끼기도 하고, 심지어는 자신에게 문제가 있다고 여기며 힘겨워할 수도 있어요.

성지향성은 성정체성과는 완전히 다른 개념으로, 여러분이 어느 성에 매력을 느끼는지를 의미해요. 예를 들어, 남성이 여성에게 매력을 느끼는 경우(이성애자), 남성이 남성에게 매력을 느끼는 경우(동성애자, 게이)가 있죠. 여성이 남성에게 매력을 느끼는 경우(이성애자), 여성이 여성에게 매력을 느끼는 경우(동성애자, 레즈비언)도 있고요. 또한 양성애자, 즉 남성과 여성 모두에게 매력을 느낄 수도 있고, 성별과 무관하게 상대방에게 매력을 느끼는 범성애자(pansexual)도 있지요. 요새는 이성애자가 아닌 다른 성지향성 또한 더 많이 받아들여지고 있지만, 여전히 성지향성을 탐색하고 있거나 자신이 동성애자라고 여기는 많은 청소년들은 자신이 남들과 다르고 소속되지 못한다고 느낄 수 있어요.

모든 문화에는 일련의 규범, 즉 우리가 자라며 '정상'이라고 믿게 된 특정 사항이 있습니다. 그리고 우리가 그 규범을 벗어나면 우리 자신에게 뭔가 문제가 있다고 느끼게 되지요. 안타깝게도 이러한 규범은 대개 굉장히 좁은 범주만 포함하기에, 많은 사람이 자신을 거기에 맞추기 힘들어하고요. 그리고 우리가 그 규범에 속한 사람이 아닐 때, 우리는 수치심을 느끼게 됩니다.

📧 산티의 이야기

산티(Santi)는 남자아이로 길러졌지만, 남자로 사는 게 단 한순간도 편치 않았다. 현재는 자신이 여성임을 확인했기에 다른 사람에게도 자신을 여성으로 지칭하도록 요청하며 지낸다. 그러므로 여기에서 산티의 성전환 이전 경험을 비롯하여 그녀의 경험에 대해 이야기할 때도 여성으로 지칭할 것이다.

산티는 어렸을 때 전형적인 남자아이들의 놀이를 즐겨하지 않았고, 언니의 인형을 가지고 놀며 언니의 공주 가운을 입는 걸 더 좋아했다. 네 살이 되자 산티는 부모님에게 자신이 여자아이라고 말하며 유치원에 갈 때도 원피스를 입고 머리를 기르고 싶어 했다. 산티의 부모님은 이런 상황을 불편해하며 산티가 남자아이이며, 남자처럼 입고 '남자애들이 하는 것'들을 하도록 강요했다.

심지어 부모님은 산티가 극도로 싫어하는 야구를 시켰다. 산티는 타석에 들어섰을 때 모든 시선이 자신에게 집중되는 것이 너무 싫었다. 긴장이 되어서 공을 치는 게 더 어려워지기 때문이었다. 그러자 부모님은 산티가 조금 더 좋아하는 농구를 시켰고, 농구는 산티에게 야구만큼 나쁘진 않았다. 실제로 득점을 많이 하기도 했다. 그렇지만 산티는 혼자 있는 걸 훨씬 더 좋아했고, 자신이 발견해 둔 아늑한 곳을 찾아 나무 위를 오르곤 했다. 그곳에서 산티는 안전하고 자기 자신으로 존재할 수 있다고 느꼈다.

나이가 들자 산티에게도 사춘기가 시작되었고 신체에도 변화가 생기기 시작했다. 체모가 나고 목소리가 굵어지는 남성의 신체 특징이 나타나기 시작하자, 산티는 자신의 몸이 더욱더 불편해지고 우울해졌다. 자신이 갇혀 있는 이 몸이 자신의 것이 아닌 것 같았다. 산티의 내면에서는 더욱더 자신이 여성이라고 느꼈다. 자신의 진정한 자아는 여성이지만 육신이 그녀를 배신했던 것이다. 무엇보다 산티는 자신이 타고난 남성의 신체를 원치 않는 자신에게 무언가 끔찍한 문제가 있다고 여겼다. 자신이 부정하고 혐오스러운 존재로, 완전히 괴물처럼 느껴졌다. 산티는 수치심까지 느끼게 되었고, 이러한 수치심은 그녀를 너무나 외롭게 만들었다. 모두가 자신을 괴물이라 여길 것이기에, 자신의 느낌을 나눌 수 있는 사람은 세상에 아무도 없다고 생각했다.

산티의 성정체성은 여성이었지만, 산티가 태어났을 때 의료진은 부모님에게 그녀가 남자아이라고 말했다. 태어났을 때 정해진 성별과 자신의 성정체성이 불일치했기에 산티는 자신이 누구인지에 대해 외로움과 수치심을 느끼게 되었다.

📧 리사의 이야기

산티와는 다른 이야기지만, 리사(Lisa) 또한 자신에게 주어진 사회의 기대와 맞지 않아 결국 수치심을 느끼게 되었다.

리사는 여자아이로 길러졌고, 자신의 성정체성에는 단 한 번도 의문을 품지 않았다. 여성으로 지내는 것은 리사에게 언제나 편안했다. 그런데 리사가 중학교 1학년이 되었을 때, 같은 반 여학생에게 호감을 갖게 되었다. 리사의 눈에 그 아이는 아름답게 보였다. 윤기 나는 긴 갈색 머리, 커다란 미소, 특히 고개를 뒤로 젖히며 웃을 때 리사의 내면에서 그 아이가 살아 움직이는 것 같았다. 완전히 그 아이에게 빠져버린 것이다.

리사는 자신이 그 여학생을 많이, 실은 항상 생각하고 있다는 걸 알게 되었다. 교실에서도, 집에서도, 통학 버스에서도 리사는 그 아이에 대한 환상을 품었다. 그리고 이런 자신의 모습을 발견했을 때, 리사는 깊은 수치심을 느꼈다. 남자아이한테 끌려야 하는 거 아닌가? 왜 여자아이 생각에 이렇게 시간을 많이 쓰고 있는 거지? 비정상 아니야? 일어나서는 안 되는 일이야!

나이가 조금 더 들고 난 다음, 리사는 가끔 마음에 드는 남자를 만나 데이트를 하기도 했다. 하지만 리사의 마음을 끄는 사람 대부분은 여성이었다. 이 사실은 리사에게 깊은 수치심을 느끼게 하고, 자신에게 무언가 끔찍한 문제가 있다고 여기게 했다. 심지어 때로는 자신을 혐오스러워하며 자해를 하는 상상을 하기도 했다.

산티와 리사는 트랜스젠더 또는 동성애자로 살아가는 것에 대한 많은 시나리오 중 두 가지일 뿐이에요. 청소년기 또는 그 이후에 자신의 성정체성과 성지향성이 다르다는 것을 알게 되는 데는 수많은 사연이 있지요. 그리고 동성애자의 경우에는 훨씬 더 나이가 든 이후에도 자신의 성지향성을 받아들이지 못하기도 하고요.

하지만 산티와 리사에게는 공통점이 있어요. 바로 자기 자신에 대해 수치심을 느낀다는 거예요. 수치심은 자기 자신이 받아들여지기엔 너무나 결함이 많다고 느낄 때 일어나는 감정이에요. 자신에게 본질적으로 문제가 있어 가치가 없다고 여기며 심지어는 다른 이들에게 짐이 된다고 여길 때 나타나죠. 성정체성과 성지향성에서 나타나는 수치심은 우리 사회가 남성과 여성의 의미에 대해 내린 협소한 정의, 여러분이 속하지 못한다고 느끼는 그 정의 때문에 생기곤 합니다. 아웃사이더라는 느낌은 수치심을 불러일으키거든요. 수치심은 강력한 감정이기에, 우리 자신이 가치가 없을 뿐만 아니라 심지어 태어나지 말았어야 했다고 느끼게 만들기도 해요.

그렇다면 수치심이란 무엇일까요? 간단히 말하자면 자신이 사랑받기에는 너무나 결함이 많다는 신념, 즉 우리가 다른 사람들에 비해 떨어지는 매우 잘못된 무언가가 있다는 신념이에요. 수치심이 특히 강해질 때는 우리 자신이 살아있을 자격조차 없다고 느낄 수도 있어요.

그리고 수치심은 참 순수한 감정이기도 해요. 사랑받고 싶다는 욕구에서 비롯되는 감정이거든요. 우리는 모두 사랑받길 원하죠. 사실 우리는 사랑을 원한다기보다는, 다른 그 무엇보다 우리에게 사랑이 필요하다는 점이 중요해요. 사랑받고 소속되고 싶은 욕구는 인간 생명 작용의 기본 요소이자, 우리가 인간으로서 존재할 수 있는 기본 요소랍니다. 진화론적 관점에서 보면 우리가 집단이나 부족에 속해 있을 때 생존할 가능성이 더 크지요. 집단이 우리를 보호해 줄 수 있으니까요. 우리가 소속되어 있지 않다고 느낄 때, 우리는 굉장히 취약해지는 느낌을 받게 됩니다.

수치심을 느낄 때 우리는 매우 외롭다고 느끼곤 하지요. 세상 누구도 이런 기분을 느껴 본 적이 없을 것 같거든요. 이렇게나 망가진 인간인 나 혼자만 눈에 띄는 것 같고요.

하지만 수치심에 관한 한 가지 재밌는 점은 모든 사람이 어느 시점에서는 수치심을 느낀다는 거예요. 사실 우리 대부분에게 꽤 자주 나타나는 감정이죠. 다른 사람 앞에서 실수를 한다거나, 상황에 맞지 않는 말을 하는 것 같은 사소한 상황에서마저도 조금은 수치심을 느끼곤 하니까요.

그래서 아이러니하게도 수치심을 느낄 때 우리는 외롭다고 느끼지만, 그때 우리는 절대로 혼자가 아니에요. 그 순간이 언제든 우리와 같은 시간에 같은 감정을 느끼는 동지들이 아주 많아요. 그러니 여러분이 다음번에 수치심을 느낄 때는 다른 사람들도 어디선가 수치심을 느끼고 있다는 걸 기억해 주세요. 여러분은 혼자가 아니랍니다.

　다행스럽게도 자기연민은 수치심에 놀라운 효과를 냅니다. 다음은 자기연민으로 수치심을 다루는 연습입니다. 예전에 우리가 했던 '나를 위한 순간' 연습(6장 참조)을 변형한 것으로, MSC 프로그램에서 하는 수행에서 영감을 받은 연습이에요. 여기에서 하는 것보다 훨씬 짧은 시간 동안 빠르게 해 볼 수도 있지만, 연습을 배우는 동안에는 이처럼 확장된 형식으로 시간을 갖고 천천히 해 보는 게 더 나을 거예요.

연습: 수치심과 함께하는 나를 위한 순간

연습 녹음 파일을 http://www.newharbinger.com/45274에서 내려받을 수 있습니다.

　이 연습은 수치심을 알아차릴 때면 언제든 할 수 있는 연습입니다. 수치심은 성정체성이나 성지향성에 관한 느낌으로부터 나타날 수도 있지만, 반드시 여기에서만 비롯되는 것은 아닙니다. 급식실에서 발을 삐끗했는데 모든 사람이 여러분을 쳐다보았을 때도, 수업 시간에 공상에 빠져 있는데 선생님이 여러분을 호명했을 때도 수치심을 느낄 수 있습니다. 또는 수업 시간에 같은 성별의 남자아이나 여자아이를 쳐다보다가 들켰을 때, 그리고 그 애가 고개를 돌려 "나 좀 그만 쳐다봐, 이 변태야!"라는 말을 하듯 여러분을 째려볼 때도 수치심은 나타날 수 있습니다.

　글을 읽고 있는 지금 이 순간에는 여러분이 수치심을 느끼지 않을 것이므로, 여러분이 수치심을 느꼈던 기억을 떠올리며 연습을 하게 될 것입니다.

- 먼저 누구에게도 방해받지 않을 만한 안전한 장소에서 편안한 자세로 앉습니다. 눈을 감고 몸의 느낌을, 특히 여러분의 몸이 방석이나 의자에 닿아 있는 지점과 거기에서 느껴지는 감각을 알아차려 봅니다. 편안한가요? 불편한가요? 의자와 몸이 맞닿은 부분은 따뜻한가요, 아니면 시원한가요? 답답하고 갑갑한가요, 아니면 이완되는 것 같나요? 잠시 시간을 내어 이 공간에서 자신의 몸을 느껴 봅니다.

- 이제 여러분이 약간 당황스러웠거나 수치스러웠던 때를 떠올려 봅니다. 최악의 상황은 떠올리지 않는 것이 좋으며, 10점 만점으로 했을 때 3점에서 4점 정도로 느껴지는 상황을 선택합니다. 마음속으로 그 상황을 그려 봅니다. 누가 있었나요? 무슨 일이 일어났나요? 그때 느꼈던 그 수치심을 지금 이 순간 실제 감각으로 몸에서 느낄 수 있나요?

- 이제 그 감각을 느끼게 자신을 허용하며…… 그 감각에 공간을 마련해 줍니다. 여러분의 일부에서는 그 느낌으로부터 도망치거나 그 느낌을 밀쳐내고 싶을 수도 있습니다. 그것은 지극히 자연스러운 반응입니다. 수치심을 느낀다는 건 불편한 일이기 때문입니다. 하지만 그렇게 하는 대신, 그 감각에 마음을 열고, 그 감각을 향하고, 그 감각을 느껴 보도록 여러분 자신을 허용합니다. 필요한 만큼 그 감각에 공간을 마련해 줍니다. 마음의 문을 살짝만 열어도 도움이 될 것입니다. 마음을 모두 다 열어야만 하는 것이 아닙니다. 여전히 안전하다고 느끼면서도, 그 감각을 느낄 수 있을 만큼만 열면 충분합니다. 용기를 내어 봅니다. 힘겨운 감정을 느끼는 데에는 어느 정도 용기가 필요합니다.

- 친절하고 다정한 목소리로 그 느낌을 인정해 봅니다. 이렇게 말해 볼 수도 있습니다. "지금 이 순간 나의 일부가 힘들어하고 있구나. 이건 수치심이야." 또는 "이 느낌은 정말 별로야. 수치스럽다고 느끼는 건 정말 끔찍해." 또는 "알겠어, 수치심."이라고 말해 볼 수도 있습니다. 이것은 마음챙김 과정입니다. 그저 우리가 느끼고 있는 것에, 이 경우에는 당황스럽거나 수치스러운 느낌에 자각을 가져가 봅니다. 이 과정에는 용기가 필요하다는 것을 알아차리며, 여러분 자신에게 축하의 말을 전해 봅니다. "잘해내고 있어! 너 정말 용감하다!"와 같은 말을 건네 볼 수 있습니다.

- 이제 여러분 자신의 언어로 다음 메시지를 들려주어 봅니다. "수치심은 인간이 가진 보편적인 감정이야. 우리 모두 때때로 수치심을 느껴." 사실 우리 대부분은 일상에서 약간의 수치심을 꽤 자주 느낍니다. 또는 이렇게 들려줄 수도 있습니다. "지구상의 모든 이들은 수치심을 느껴." 이것은 보편적 인간경험 과정입니다. 우리가 혼자라고 느끼게 하는 이 감정이 실제로는 우리 모두를 연결해 주고 있다는 사실을 이해합니다. 우리가 LGBTQIA+든 그렇지 않든, 우리는 모두 수치심을 경험해 본 적이 있습니다.

- 마지막으로 잠시 시간을 내어 여러분 자신에게 친절을 전해 봅니다. 원한다면 여러분에게 진정으로 위로가 되는 지지의 손길을 건네는 것으로 시작해 볼 수 있습니다. 한 손을 가슴에 얹거나, 양손으로 얼굴을 감싸거나, 자기 자신을 부드럽게 안아 줄 수도 있습니다. 자기 자신에게 친절한 말을 들려주어 봅니다. 친한 친구가 비슷한 상황에서 힘겨워하고 있다면 어떤 말을 해 주고 싶은지 생각해 봅니다. 그 친구에게 어떤 말을 해 줄 것 같나요? 친한 친구에게 했을 그 말을 여러분 자신에게도 들려줄 수 있습

니다. "너는 가치 있는 사람이야." "너는 좋은 사람이야." "너는 소중해." 와 같은 간결한 말일 수도 있습니다.

- 여러분이 원하는 만큼 계속해서 위로의 손길과 친절한 말을 자신에게 전할 수 있습니다. 그러면서 여러분 자신을 있는 그대로 받아들일 가능성에 단 한 순간만이라도 마음을 열 수 있는지 살펴봅니다. 여러분은 이 지구라는 행성에서 살아 숨 쉬는 한 사람으로서, 친절함과 온전하다는 느낌을 받을 자격이 있다는 걸 기억합니다.

- 준비가 되면 부드럽게 눈을 뜹니다.

이 연습을 먼저 해 본 많은 사람이 그랬듯 여러분도 이 연습을 하고 나면 기분이 조금은 나아질 거예요. 어떤 사람들은 조금 취약해졌다는 느낌을 받기도 할 거고요. 무엇을 느끼든 여러분 자신을 다정하게 대해 주어야 한다는 걸 기억해 주세요. 누군가에게는 자신을 있는 그대로 받아들이도록 마음을 여는 데 조금 더 시간이 걸릴 수 있어요. 이 연습을 하고 나서 기분이 좋은지 아닌지가 중요한 것은 아니랍니다. 여러분이 마음을 열고 있는 그대로 자신을 받아들이려 했다는 의도를 정했다는 게 중요하지요. 그러다 보면 어느 날 일어나서 여러분이 자기 자신을 정말로 좋아하고 인정하며 자신에게 감사한다는 것을 깨닫는 날이 올 테니까요! 그리고 있는 그대로 존재할 용기를 가진 자신에게 감탄하게 될 거예요.

부정적 핵심 신념

수치심은 왜 이렇게 놓아 버리기 힘든 감정인지 여러분이 궁금해할지도 모르겠네요. 우리 자신을 있는 그대로 받아들이기 시작하는 게 우리 중 누구에겐 왜 이렇게 어려운 걸까요?

바로 우리 중 많은 사람이 자기 자신에 대한 부정적인 핵심 신념을 발달시켜 왔기 때문이에요. 안타깝게도 특히 LGBTQIA+ 청소년들이 이런 경우가 많지요. 부정적 핵심 신념은 사회, 가족, 그리고 심지어 때로는 친구들로부터 받는 메시지에 뿌리를 두고 있어요. 우리 사회는 일반적으로 여성은 '여성스럽게', 남성은 '남자답게' 행동하기를 기대하고 그 밖의 모든 행동은 의심스러운 것으로 간주하죠.

부모님이나 보호자가 부정적인 메시지를 주기도 해요. 예를 들어, 부모님께서 여러분이 남자아이로 태어났다고 말씀하셨다면 여러분은 남자아이처럼, 즉 여자아이를 만나는 것 같이 전통적으로 남자아이들이 하는 것들을 해야 하죠. 그런데 이 상황에서 여러분이 동성애자이거나 자신을 여성으로 여긴다면, 여러분의 부모님은 여러분이 편안하게 있는 그대로 존재하는 것을 반대하시거나 단념시키려 드실 수 있겠지요.

그리고 여러분은 그런 메시지를 오랜 시간 계속해서 듣게 됩니다. 그 메시지는 무의식적으로 자기 자신에게 다음과 같이 말하게 하지요.

나는 결함투성이야.

나는 가치가 없어.

나는 망가졌어.

나는 주변 사람 모두에게 큰 짐이야.

나는 무언가 끔찍하게 잘못됐어.

나는 우리 가족을 크게 실망시켰어.

또는 심지어…….

나는 완전히 엉망진창이라 살 자격도 없어.

만약 여러분이 자신이 이렇다고 믿거나 이런 말을 자신에게 하고 있다면, 여러분이 그렇게 느끼는 게 여러분 잘못이 아니란 걸 알았으면 해요. 우리 사회의 성정체성과 성지향성에 대한 이해가 제한되어 있다는 것이 큰 이유예요. 그리고 지난 40년 동안 성지향성에 대한 이해의 정도가 많이 바뀌어 왔으니(그 결과로 이성애자가 아닌 사람들을 훨씬 더 많이 받아들이게 되었죠), 성정체성에 대한 이해 또한 앞으로 변화하게 될 거예요.

부정적 핵심 신념을 그만 믿고 싶다면

부정적인 핵심 신념은 침묵하면 계속됩니다. 우리는 부정적 핵심 신념을 공유하지 않지요. 솔직히 말해서, 우리가 자기 자신을 나쁘게 여긴다는 것을 인정하는 건 엄청나게 수치스러운 일이니까요. 우리는 사람들이 우리가 강하고 자신감이 넘친다고 생각하길 바라죠. 우리 자신을 세상에 소개할 땐 그래야 한다고 들었던 것처럼요. 우리가 자신을 나쁘게 여긴다는 걸 사람들이 알게 된다면, '자기 자신마저도 안 좋아하는 사람을 내가 왜 좋아해 줘야 해?'라고 생각할지도 모른다고 걱정스러워하죠. 다시 말해 사람들이 우리를 거절하게 될까 봐 두려워합니다. 그래서 우리는 자신의 이 부분을 숨기고 모든 것이 괜찮은 척하며 세상을 향해 행복한 표정을 짓게 됩니다.

먼저 이러한 부정적인 핵심 신념을 가지고 있다는 것을 인정하고, 그런 다음 자신에게 연민을 주면 수치심의 악순환을 멈출 수 있어요. 그리고 여러분이 준비되었다고 느낄 때가 오면(반드시 준비되었다고 느낄 때에만), 자신에 대한 이러한 부정적 느낌에 마음을 열고 여러분이 안전하다고 여기는 사람들과 공유할 수 있을 거예요.

다음은 여러분의 부정적인 핵심 신념을 조사하기 위한 연습으로, 이 연습 또한 성인 대상 MSC 프로그램의 수행에서 영감을 받았습니다.

 ### 연습: 나 자신의 선함 기억하기

- 안전하고 편안하다고 느껴지는 장소를 상상해 봅니다. 거실의 소파일 수도 있고, 뒤뜰의 나무일 수도, 몸을 웅크릴 수 있는 침실의 침대일 수도 있습니다. 또는 구름 위나 부드러운 이불로 가득 찬 방 같은 가상의 장소

일 수도 있습니다. 가능한 한 자세히 이 장소를 상상해 보고, 특히 이 장소에서 여러분이 무엇을 느끼는지 자세히 떠올려 봅니다.

- 이제 자신이 당황스러웠던 상황을 마음속으로 불러옵니다. 다른 사람들 앞에서 누군가가 여러분에게 상처가 되는 말을 했을 수도 있습니다. 누가 거기에 있었는지, 무슨 말을 들었는지, 그리고 무엇보다도 그것이 여러분에게 어떤 기분이 들게 했는지 떠올려 봅니다. 충분히 시간을 들이는 것이 중요합니다. 천천히 합니다.

- 이 상황을 다른 사람들이 알았을 때 자신의 어떤 점이 밝혀지는 것이 두려운지 곰곰이 생각해 봅니다. 거기에 이름을 붙일 수 있나요? 어쩌면 "나는 결함투성이야." "나는 끔찍한 사람이야." "나는 가치가 없어."와 같은 것일 수 있습니다. 이것이 부정적 핵심 신념입니다.

- 연민 어린 목소리로, 마치 친한 친구를 부르듯 부정적 핵심 신념의 이름을 불러 봅니다. 이렇게 말해 볼 수 있습니다. "아, 너는 네가 결함투성이라고 생각하는구나. 정말 고통스럽겠다." 또는 "네가 가치가 없다고 생각하고 있구나. 너무 힘들겠다."

- 실제로는 자신이 결함이 있다고 느끼고, 끔찍하다고 느끼고, 가치 없다고 느끼는 것은 단지 여러분 자신의 일부일 뿐이라는 것을 기억하시기 바랍니다. 그 순간에는 얼핏 크게 느껴졌고, 자신을 집어삼키는 것처럼 느껴졌을 수도 있지만, 그저 여러분 자신의 일부일 뿐이라는 것을 기억하시길 바랍니다. 여러분 내면에는 다른 부분 또한 존재합니다. 그리고 그중 하나는 현명하고 연민 어린 부분으로, 여러분을 조건 없이 사랑하고 언제나 여러분을 지지하기 위해 존재하는 부분입니다. 여러분 자신의 진실한 목

소리입니다.

- 바로 지금 그 현명한 부분, 자신의 진실한 목소리에 귀를 기울입니다. 그 목소리가 배경으로부터 나와서 소리를 내도록 허용해 줍니다. 목소리가 나타날 수 있는 공간과 시간을 마련해 줍니다. 여러분의 진실한 목소리는 뭐라고 이야기하나요? 아마도 "내가 너를 위해 여기 있어." "나는 너를 사랑해." "네가 그렇게 힘겨워한다니 너무 안타까워."와 같은 말일 것입니다. 또는 "너를 이렇게 힘들게 둘 순 없어! 내가 널 도와줄게. 너와 끝까지 함께할 거야."와 같은 말일 수도 있습니다.

- 여러분의 연민 어린 목소리는 약간 사나울 수도 있고, 그로써 여러분을 보호하며 다음과 같이 말할 수도 있습니다. "네 모습 그대로 충분히 괜찮아. 네가 동성애자고 논바이너리라고 해서 누구한테 상처 주었던 적 있어? 없잖아! 너는 멋진 사람이야. 진정한 네 모습 그대로 존재하면 너는 더 행복해질 거고, 그 행복으로 이 세상을 더 나은 곳으로 만들게 될 거야." 또는 여러분 중 다른 누군가의 진실한 목소리는 조용한 편이라, 그저 여러분 곁에 앉아 커다란 다정함과 친절함을 전할 수도 있습니다. 어떤 경우든 자신의 진실한 목소리가 들려주는 말에 깊이 몸을 담그고, 그 말이 자신에게 스며들게 하고, 자신의 일부가 되게 합니다.

- 준비가 되면, 그 목소리가 이제 자신이 살고 있는 여러분 마음 깊은 곳으로 돌아가도록 내려놓습니다. 여러분의 진실한 목소리는, 여러분이 필요할 때마다 불러낼 수 있다는 것을 기억합니다. 그 목소리는 한결같이 현명하며, 연민과 용기를 가지고 있습니다. 그리고 무엇보다도, 언제나 여기 있습니다.

우리 모두는 수치심으로부터 자라나는 자신에 대한 부정적 핵심 신념을 가지고 있습니다. 우리가 이를 인정할 만큼 충분히 용감해지면, 우리 내면 깊숙한 곳에 감춰져 있는 자신의 진실한 목소리, 현명하고 연민 어린 목소리로 향할 수 있지요. 우리가 조용히 주의 깊게 경청하며 공간을 마련해 줄 때, 진실한 목소리가 우리 앞에 나타나 다음 단계로 나아가는 데 필요한 모든 것을 지원하며 우리를 인도해 줄 거예요.

마무리

다른 성정체성이나 성지향성을 탐색하는 과정은 이미 단지 청소년으로 살아가는 것만으로도 겪고 있는 스트레스에 또 다른 스트레스를 한 층 더 얹게 만드는 일입니다. 우리 사회는 아직 젠더 다양성을 공개적으로 지지하지 않고 있으며, 먼 길을 오긴 했지만 성정체성 또한 온전히 지지받고 있지는 못하니까요. 대다수가 기대하는 것과 반대로 여러분이 '흐름에 역행'할 때마다 여러분을 이해하지 못하고, 자신들과 달라 보인다는 이유로 여러분을 두려워하며, 그래서 여러분을 받아들이지 못하는 사람들을 만나게 되곤 합니다. 이때가 바로 자기연민을 전할 완벽한 순간이지요.

우리 모두는 수치심으로부터 자라나는 자신에 대한 부정적 핵심 신념을 가지고 있습니다. 우리가 이를 인정할 만큼 충분히 용감해지면 우리는 자신의 진실한 목소리로 향할 수 있게 됩니다. 우리 내면 깊숙한 곳에 숨겨져 있던 현명하고 연민 어린 목소리로 말이지요. 우리가 조용히 주의 깊게 경청하며 공간을 마련해 줄 때, 진실한 목소리가 우리 앞에 나타나 우리를 인도해 줄 거예요. 여러분이 다음 단계로 나아가는 데 필요한 모든 것을 아낌없이 내어 줄 여러분의 진실한 목소리를 만날 수 있기를 바랍니다.

　청소년으로 사는 것은 쉬운 일이 아닙니다. 너무나도 많은 변화가 한꺼번에 일어나지요. 부모님과 친구와의 관계도 변하고, 여러분의 두뇌와 신체도 변하고, 학교에서도 변화가 일어납니다. 거기다 친구를 사귀고 다른 사람들과 연결되어야 한다는 압박감과 함께 학업에 대한 압박감 또한 상당할 수도 있습니다. 좋은 성적을 얻어야 좋은 대학에 가서 좋은 직장을 얻고 좋은 인생을 살 거라는 압박감 말이지요. 기대는 하늘을 찌를 듯 높고 해야 할 일은 산더미같이 쌓여 있고요. 이 스트레스는 끝나지 않을 것처럼 보입니다.

　여러분의 인생 속 이 모든 부분이 정돈되지 않고 제자리에 놓이지 못한다면, 여러분은 끝장이고 남은 인생 또한 비참할 거라는 메시지를 받고 있을지도 모르겠네요. 주위에서 기대하는 모든 것들을 성취하지 못하면(기대하는 모든 것을 달성하는 건 거의 불가능하기에 자주 일어나는 일이죠) 내면의 비판이 모습을 드러냅니다. 때로는 슬쩍 끼어들고 때로는 대담하게 쳐들어오지만, 등장이 어떻든 여러분은 "난 정말 멍청해, 왜 그런 말을 했지?" "시험을 더 잘 봐야

했어. 난 완전 바보야!" 같은 자신을 비판하는 익숙한 말을 듣게 되지요.

　때로는 내면의 비판이 혼자서 흥분하는 것 같아 보일지라도, 내면의 비판에게는 여러분을 안전하게 보호하려는 의도가 있다는 것을 기억해 주세요. 그리고 여러분이 용기 있게 내면의 비판에게 다가가서 목소리를 낮추라고 말할 수 있다는 것도요. 예를 들면, "있잖아, 네가 나를 주시하면서 나를 지켜주려 하는 건 고마운데, 약간 선을 넘는 것 같아. 지금은 네 말을 듣지 않을 거야. 네가 하는 말이 나 자신을 나쁘게 여기게 하거든." 같은 말을 내면의 비판에게 건넬 수 있지요.

　그런 다음 조용히 가슴에 위로의 손길을 얹거나, 여러분을 진정시키는 다른 지지적인 손길을 전해 볼 수 있을 거예요. 여러분 자신에게 친절한 말 몇 마디를 들려줄 수도 있고, 내면에서 들려오는 나직한 목소리에 귀를 기울일 수도 있지요. 현명하고 연민 어린 목소리, 여러분을 잘 알고 있는 목소리, 조건 없이 여러분을 사랑하고, 어떤 일이 일어나더라도 언제나 다정하게 여러분을 위해 존재할 목소리에 말이지요. 그 목소리는 무언가가 여러분을 상처 입힐 때도 여러분을 위해 존재하는 목소리이므로, 여러분이 의견을 내야 하거나 자신을 보호해야 할 때 여러분을 지지해 줄 거예요. 여러분이 무엇을 하든, 어떤 실수를 하든 여러분이 존중과 친절과 조건 없는 사랑을 받을 가치가 있다는 걸, 중요한 건 여러분 자신이라는 걸 보여 주는 목소리랍니다.

　이 책을 통해 여러분이 자기연민 연습을 시작할 기회를 마련하고자 하였습니다. 자기 자신에게 친절해지는 방법은 살아가는 내내 개발하고 연습해야 하는 평생 기술이지요. 우리 모두가 그렇듯 여러분도 의심할 여지 없이 삶에서 덜컹거리는 순간을 마주할 텐데, 그럴 때마다 여러분은 자기연민 연습으로 향할 수 있다는 걸 기억해 주시길 바라요. 물론 대부분 경우와 마찬가지로 자기연민 또한 연습하면 할수록 더욱 잘 전할 수 있답니다. 살아가는 동안 자기연민을 키워간다는 것은 만족스러운 여정일 거예요. 자기 자신에게 친절해지는 것이 자신을 비판하기보다 훨씬 쉽고 즐거운 일이라는 걸 마침내 알게 될 테니까요. 일단 자기연민에 익숙해지고 나면 마치 큰 짐을 내려놓은 것처럼 느껴지고, 살아가는 일이 거대한 산을 터벅터벅 오르는 게 아니라 바다 위를 미끄러지듯 나아가는 것처럼 느껴질 거예요.

그러니 마음을 다잡고 여러분 자신에게 필요한 지지와 연민을 전할 용기를 내어보세요. 마지막으로 자기연민 연습을 시작한 시드 웨스트(Syd West)라는 친구의 말을 전하며 이 책을 마칩니다.

> "자기연민은 제 인생관을 완전히 바꿔 놓았어요.
> 저 자신을 받아들일 수 있는 공간에 접근하게 해 주었고,
> 제가 하는 모든 일에 스며들었어요. 제가 누구인지에 대한
> 통제권을 되찾게 해 주었고, 저의 진실한 자아로부터 외부의
> 모든 소음과 잡동사니들을 분리할 수 있게 해 주었어요."

참고문헌

American Psychological Association. (2014). Stress in America: Are Teens Adopting Adults' Stress Habits?. www.apa.org/news/press/releases/stress/2013/ stress-report.pdf.

Fredrickson, B. L. (2001). The Role of Positive Emotions in Positive Psychology: The Broaden-and-Build Theory of Positive Emotions. *American Psychologist, 56*(3), 218-226.

Fredrickson, B. L., Boulton, A. J., Firestine, A. M., Van Cappellen, P., Algoe, S. B., Brantley, M. M., ... & Salzberg, S. (2017). Positive Emotion Correlates of Meditation Practice: A Comparison of Mindfulness Meditation and Loving-Kindness Meditation. *Mindfulness, 8*(6), 1623-1633.

Fredrickson, B. L., Cohn, M. A., Coffey, K. A., Pek, J., & Finkel, S. M. (2008). Open Hearts Build Lives: Positive Emotions, Induced through Loving-Kindness Meditation, Build Consequential Personal Resources. *Journal of Personality and Social Psychology, 95*(5), 1045-1062.

Sexton, J. B., & Adair, K. C. (2019). Forty-Five Good Things: A Prospective Pilot Study of the Three Good Things, Well-Being Intervention in the USA for Healthcare Workers, Emotional Exhaustion, Depression, Work-Life Balance and Happiness. *BMJ Open, 9*(3), e022695.

Testa, R. J., Coolhart, D., & Peta, J. (2015). *The Gender Quest Workbook: A Guide for Teens and Young Adults Exploring Gender Identity*. New Harbinger Publications.

저자 소개

Karen Bluth

카렌 블루스(Karen Bluth) 박사는 테네시 대학교에서 아동과 가족 연구로 박사 학위를 받았으며, 현재 노스캐롤라이나 대학교 부설 프랭크 포터 그레이엄 아동발달연구소 정신건강의학과 교수 겸 연구자로 활동 중이다. 청소년의 안녕을 증진하는 데 있어 마음챙김과 자기연민의 역할을 주로 연구한다.

아울러 프랭크 포터 그레이엄 연구소에서 가족을 위한 마음챙김과 자기연민 프로그램을 통해 성인과 청소년 모두에게 마음챙김과 마음챙김 자기연민을 지도하고 있으며, 여러 학교와 대학에서 강연과 워크숍 또한 정기적으로 진행한다. 크리스틴 네프 박사와 크리스토퍼 거머 박사의 마음챙김 자기연민 프로그램을 청소년에게 맞추어 개작한 '나 자신과 친구 되기(Making Friends with Yourself: MFY)' 프로그램의 공동 개발자이기도 하다. 18년의 교육 경험을 가진 교육자이기도 한 블루스 박사는 현재 학술지『Mindfulness』의 부편집장을 맡고 있다.

Kristin Neff

서문 저자 크리스틴 네프(Kristin Neff) 박사는 텍사스 대학교 오스틴 캠퍼스 교육심리학과 조교수로, 15여 년 전 자기연민에 대한 최초의 경험연구를 수행한 자기연민 연구의 선구자이다. 『러브 유어셀프: 세상에 오직 하나뿐인 나를 사랑하라(Self-Compassion: Stop Beating Yourself Up and Leave Insecurity Behind)』(학지사, 2019)를 비롯하여 자기연민에 대한 수많은 학술 논문과 저서를 집필했다. 경험적으로 지지받는 8주 훈련 프로그램인 마음챙김 자기연민 프로그램을 크리스토퍼 거머 박사와 공동으로 개발한 네프 박사는 현재도 자기연민 워크숍을 전 세계에서 활발히 진행하고 있다.

역자 소개

서광(SeoGwang)
종교심리학 석사, 자아초월심리학 박사
현 동국대학교 불교대학 교수
   한국명상심리상담원장

대표 저서 및 역서
세상에 끌려 다니지 않는 단단한 마음공부(학지사, 2019)
명상, 마음 그리고 심리학적 통찰(공역, 학지사, 2020)

나의현(Euihyeon Na)
정신건강의학과 전문의, 의학박사
현 예수병원 정신건강의학과 과장
   대한정서인지행동의학회 수련이사

대표 역서
자해 청소년을 위한 마음챙김 워크북(공역, 하나의학사, 2020)
청소년을 위한 자기연민 워크북(공역, 학지사, 2021)

곽영숙(Young Sook Kwack)
정신건강의학과 전문의, 의학박사
현 제주대학교 의과대학/의학전문대학원 명예교수
    한국학교정신건강의학회 회장

대표 저서
임상에서 만나는 소아청소년(하나의학사, 2020)
명상과 의학(공저, 학지사, 2022)

원승희(Seunghee Won)
정신건강의학과 전문의, 의학박사
현 경북대학교병원 정신건강의학과 교수
    대한명상의학회 부회장

대표 저서
명상과 의학(공저, 학지사, 2022)

청소년을 위한 자기연민
-내면의 비판을 극복하는 마음챙김과 자기연민 기술-

The Self-Compassionate Teen:
Mindfulness and Compassion Skills to Conquer Your Critical Inner Voice

2023년 1월 20일 1판 1쇄 인쇄
2023년 1월 25일 1판 1쇄 발행

지은이 • Karen Bluth
옮긴이 • 서광 · 나의현 · 곽영숙 · 원승희
펴낸이 • 김진환
펴낸곳 • ㈜**학 지사**

04031 서울특별시 마포구 양화로 15길 20 마인드월드빌딩
대표전화 • 02-330-5114   팩스 • 02-324-2345
등록번호 • 제313-2006-000265호

홈페이지 • http://www.hakjisa.co.kr
페이스북 • https://www.facebook.com/hakjisabook

ISBN 978-89-997-2810-5 03180

정가 15,000원

출판미디어기업 학 지사
간호보건의학출판 **학지사메디컬** www.hakjisamd.co.kr
심리검사연구소 **인싸이트** www.inpsyt.co.kr
학술논문서비스 **뉴논문** www.newnonmun.com
교육연수원 **카운피아** www.counpia.com